Ganar Dinero con Bienes Raíces Sin Inversión Inicial Receta Paso a Paso

Aprende a Ganar Dinero Sin Dinero Sin Invertir. Inicia tu propio Negocio Inmobiliario Rentable con Altas Ganancias

Autor: Mauricio g Borrego

Año de Publicación: 2019
Editorial: Autor-Editor by Amazon
País: México
Autor: Mauricio González Borrego *(pseudónimo Mauricio g Borrego)*
ISBN: 9781695871496
Sello: Independently published

Copyright 2019 En Trámite Mauricio g Borrego
Todos los derechos reservados.

Contenido

Dedicatoria
Palabras del autor
Introducción
Lo sé... Lo viví en carne propia
El Escuchar el éxito de otros
Ingreso Activo y Pasivo
Definir Estrategia. Enfocar y No Divagar
La Motivación Real
La Estrategia y Acción
Una variante a la Estrategia. Subarrendamiento
Saber Vender. ¡Llama, llama y llama!
El poder del Outsourcing
Aspectos Legales
Para concluir
ANEXO I. Página de negocio en Facebook
ANEXO II. La Fuerza de la energía sexual
ANEXO III. La Participación, veamos números
ANEXO IV. Formatos prediseñados
Acerca del Autor

Prólogo

El crear un negocio inmobiliario es altamente rentable y se encuentra prácticamente al alcance de todos y, como todo en la vida, el éxito en este negocio se centra en los pequeños detalles.

El establecer un negocio inmobiliario no es precisamente el crear una inmobiliaria, que claro está, se puede encaminar para consolidar una y es más te sugiero que lo tengas en mente como un propósito a mediano plazo, un negocio inmobiliario se puede crear como servicio profesional y desarrollar desde tu propia casa, donde prácticamente lo que necesitas es una buena conexión a Internet, un ordenador, un buen teléfono celular y la cabeza bien amueblada para llevar a cabo una estrategia sólida para tal efecto, motivo del presente libro, con ciertas recomendaciones bajo experiencia que estaré proporcionando a lo largo del libro.

En muchos casos, hablando respecto a la competencia que diera a lugar, son negocios cuya escasa duración no pasa de los seis meses dada su falta de formación, la falta de una estrategia bien definida y estructurada a seguir (que tú si tendrás por medio del presente libro).

Es necesario mencionar la importancia de una estrategia a seguir dado que ningún negocio inmobiliario puede sobrevivir sin un plan estratégico adecuado en sus diversas etapas.

Un punto clave a considerar es que no solamente se trata de tener unas cuentas saneadas y conseguir mayor volumen de negocio, también es necesario para tener un negocio inmobiliario rentable el aumentar su valor de marca dentro del mercado y esto se logra, además de contar con una estrategia viable, poniendo especial cuidado en la imagen misma que se proporciona al mundo donde la calidad en el servicio y la atención al cliente toman un papel sumamente importante ganando de esta forma terreno por recomendación natural de los mismos clientes, lo que conlleva a formar una Reputación.

Si es la primera vez que te adentras en el maravilloso mundo del negocio Inmobiliario o ya tienes cierto camino recorrido, ten absoluta seguridad que el presente libro ayudará paso a paso a establecer Raíces Sólidas para dar inicio a un Negocio Rentable y duradero mediante el cual obtendrás tu libertad financiera así como una buena calidad de vida sin lugar a la menor duda y, de contar con cierto camino recorrido, podrás afianzar tu conocimiento además de tomar, con toda seguridad, elementos del mismo que hasta el momento no considerabas en tu estrategia de negocio.

Mauricio g Borrego

Dedicatoria

"Dedicado a todas y cada una de aquellas personas que por sus acciones, positivas o negativas, consientes o inconscientes, para conmigo me condujeron a llegar a este punto. Para todos ustedes Gracias.

Gracias en particular a Karla Sámano, gran amiga incondicional, que me ha acompañado a cada momento con sinceridad con sus consejos, con su orientación a nivel interior que me permitieron abrirme, que me permitieron darme cuenta de muchas cosas que ignoraba"

Mauricio g Borrego

Palabras del autor

Prácticamente hace ya diez años que comenzó todo, fue cuando mi vida, mi mundo presentó un giro radical, por completo. No cabe duda que la vida es una *Rueda de la Fortuna* tal como lo señala un Arcano Mayor del Tarot realmente, cuando estamos arriba no pensamos que en algún momento dado podríamos estar abajo y cuando estamos abajo por la misma desesperación no encontramos de manera clara la salida para subir de nuevo, pero la salida está ahí, esperando la encontremos.

Cuando se parte de abajo y no se cuenta con el conocimiento o experiencia necesaria es complejo **MAS NO IMPOSIBLE** el subir, lo cual solamente unos cuantos, quizá contados con los dedos de las manos, lo han logrado y son aquellos que encontraron un "**SECRETO**" ante la adversidad, que tal como indicado en un libro próximo a publicar, el "Secreto" no está en tan solo pensar positivamente o en la mención referente a que la vida que se tiene es la que hemos querido vivir por pensamientos, el real secreto no aparece hasta ser humildes de corazón (sin orgullo, sin soberbia, sin envidia,...) y poner los elementos con los que contamos sobre la mesa y a su vez en una balanza para posteriormente trazar un plan y llevarlo a cabo:

"El Nacer Pobre no es culpa de Nadie - El vivir Bien Depende de cada Quien"

¿Quién desea o quiere estar abajo? Pienso que nadie en lo absoluto... Lo que puedo decir es que en ocasiones quizá son pruebas de la vida misma para que demostremos que tanto deseamos y estamos dispuestos en salir adelante, que tanto deseamos lo que queremos, dado que el deseo se transforma en voluntad y a su vez en acción lo que nos conduce al libre albedrío y a la acción misma, con fundamento en la ley misma de "Causa y Efecto". Al final del día, cabe mencionar, que el éxito real no radica en la riqueza, en las ganancias mismas que seguro obtendrás, anticipo, el éxito es y será la satisfacción de logro que experimentarás, la satisfacción de decir "Lo hice, a pesar de todo, lo logré" lo que conlleva a una "satisfacción intelectual". Lo anterior lo explico a detalle en mi próximo libro:

"Como Hojas en el Viento",

Con la finalidad, dado el caso, que tú puedas trazar tu propio plan, determinando los propios elementos con los que cuentas y ayudarte tanto a visualizar con claridad tu objetivo u objetivos y alcanzarlos sin lugar a la menor duda de ello.

¿Qué quiero decir con esto? Quiero decir que la vida que tenemos no depende de los demás sino de las acciones que uno mismo lleva a cabo día con día y no solo depende de nuestros pensamientos, los pensamientos solo se quedan en eso mismo en pensamientos hasta que no se realice una ACCION. Existen o se presentan obstáculos, contratiempos no nada más para uno o unas personas, cada quien tiene sus problemas, sus situaciones las cuales a veces callan y otras no, quizá el problema de uno es risa de otro y viceversa (y no me refiero a risa de burla, sino al grado o nivel de como una persona ve su problema en comparación con el de otra persona), cada quien sabe su propia historia así como el nivel de su "problema", sin embargo el "problema es un problema", un reto, y lo que realmente diferencia a cada una de las personas es el cómo se enfrenta a tales obstáculos y contratiempos. No podemos culpar a nadie por lo que vivimos o estamos viviendo considerando que todos y cada uno de nosotros nos encontramos en un mismo "tablero" que denomino "El juego de la vida".

Las acciones de uno o unos afectan a una u otras personas y las reacciones de cada quien van movilizando las piezas sobre el tablero para favor o en contra; la ventaja en este "Gran Juego" es que las piezas no las mueve nadie, cada pieza es autónoma, cada uno decide el movimiento que va a realizar.

Puedo decir sin temor a equivocarme que la regla principal es: "Las acciones de hoy marcan nuestro futuro", haciendo hincapié en la palabra "acciones", lo que además es una gran verdad en "El juego de la vida", de tal manera que independientemente de lo que se haya vivido o pasado, independientemente de la tristeza, angustia, frustración, desesperación vivida se debe tener presente que hoy es posible iniciar un comienzo, un nuevo rumbo. La vida misma nos pone diversos pequeños pero grandes ejemplos que no vemos y están ahí esperando los observemos y aprendamos de ellos; después de la oscuridad, después de la noche más oscura vendrá un nuevo día, un nuevo comienzo… después de exhalar hasta el más mínimo aliento buscaremos de manera innata el volver a respirar… recordando que todo tiene un principio y un fin, lo único de debemos hacer es tomar acción hacia el camino que deseemos partiendo desde hoy día con día y solamente voltear hacia atrás para recordar de dónde venimos y lo que hemos avanzado, de nada sirven los arrepentimientos o lamentaciones y si el perdón tanto para con los demás como para uno mismo ¡Ya Pasó! y lo único que es válido es la ¡Acción!

De manera breve, MI HISTORIA:

En aquellos años me desenvolvía como subdirector de operaciones y sistemas de una empresa francesa Importadora y Distribuidora de Vinos a Nivel Nacional en la cual ya tenía trayectoria de nueve años, alta responsabilidad así como altas prestaciones y salario de igual manera, en pocas palabras vivía tranquilo y cómodamente.

Un día por decisión de los socios la empresa cierra y fue entonces cuando todo comenzó a girar en mi mundo.

Era difícil encontrar trabajo en esos días (y más en la actualidad), puedo decir que entregué alrededor de 120 solicitudes de empleo en un lapso de diez días sin conseguir absolutamente nada y la mayoría de las entrevistas a las que acudía me decían textualmente que "estaba sobrevaluado para el puesto ofrecido" algo que hasta la fecha no logro entender, pero en fin.

Un buen día recibí una llamada mencionándome que había sido aceptado, dentro de esas 120 solicitudes que había entregado ya varios meses atrás, por una empresa que manejaba un salario realmente bajo semanal, con jornada laboral de 08:30 a 21:00 hrs. de lunes a domingo con un solo día de descanso entre semana pero en ese momento "me supo a gloria" y acepté, en ese entonces tenía 38 años y no tenía opciones realmente.

Debo decir que independientemente de estar ahí no me desanimaba de encontrar algo mejor y seguía buscando sin éxito alguno; pasados ya tres años desde mi entrada a aquella empresa había ascendido por mi desempeño y estaba ya como gerente de sucursal, sin embargo el título del cargo no era recíproco al sueldo, a las prestaciones o a los horarios del mismo, lo único que sí aumentó fue la responsabilidad y la carga de trabajo, sin embargo debía mantenerme ahí.

Cierto día me llegó una notificación referente al crédito de la casa que años atrás había obtenido indicando que la deuda había aumentado por no haber cumplido con los pagos en tiempo y forma (por obvias razones, claro está, y a pesar que estuve solicitando "apoyo" al respecto con la misma institución) lo cual fue desastroso y sobra mencionar el desenlace.

Como sucede en muchos lados, cuando se cambia a los "arriba" estos colocan a su propia gente o círculo de amistades y fue lo que sucedió y nuevamente me encontraba sin empleo pero esta vez la edad ya era un factor en contra por completo…

Se aprende, incluso, a conocer a las personas, se aprende a conocer con quien se cuenta y con quien no, con tan solo verlas, en situaciones extremas y lamentable o afortunadamente son contadas con los dedos de una manos incluyendo tristemente a la familia misma quien en aquella época de igual manera no solamente daban la espalda sino que se aprovechaban de la situación por la que estaba atravesando. Cuando estás arriba muchos te hablan, te llaman con la finalidad de pedir una ayuda, un favor de diversa índole en la mayoría de los casos para posteriormente negarla cuando uno mismo la requiere. Pero se aprende a que el corazón humano en su mayoría es hipócrita, soberbio y solo busca su propio beneficio y más cuando no han vivido lo suficiente, es decir, las dos etapas de la Rueda de la Fortuna de la vida misma, lo cual aprendí por experiencia así como al adentrarme a buscar respuestas a lo que me acontecía, al buscar respuestas al por qué todo se desmoronaba en mi entorno y las puertas se cerraban a mi paso e incluso busqué respuesta dentro del ocultismo (muy diferente al esoterismo, aclaro) que fue cuando comencé a entender….

Pero como dicho con anterioridad, esto lo explico a detalle en mi libro:

"Como Hojas en el Viento",

Hasta que un buen día, después de muchas batallas (les llamaría) por sobrevivir, llegó el secreto, llegó el cómo levantarme ante la adversidad que me envolvía por completo y es lo que te explicaré en los siguientes capítulos, el qué y el cómo hacerlo a detalle, paso a paso, dado que sé lo que es, conozco el sentir… lo viví en carne propia.

Recuerda:

"Las acciones de hoy marcan nuestro futuro".

Mauricio g Borrego

Introducción

El presente libro pretende ser el más completo en la actualidad sobre cómo levantarse económicamente, sobre el cómo obtener ingresos, planteando a detalle, cada uno de los pasos a seguir mediante un modelo específico sin la necesidad de invertir, es decir, partiendo desde cero.

Ya sea que se esté pasando por una adversidad tal como el mismo desempleo o se esté pensando en conformar un negocio propio para lograr libertad financiera con excelente calidad de vida.

Si bien es cierto la crisis económica por la que se está pasando en diversos países del mundo en la actualidad ha dado como resultado falta de fuentes laborales suficientes para satisfacer la alta demanda y, si existen, en la mayoría de los casos, con salarios bajos a jornadas laborales excesivas lo cual por ende va en detrimento de la calidad de vida y produciendo el lamentable efecto:

"Vivir para trabajar en lugar de trabajar para vivir"

Desde mi modesto punto de vista, en la actualidad no existe manual alguno que explique a detalle, paso a paso el que hacer y sobre todo el cómo hacerlo para alcanzar el objetivo económico y que al mismo tiempo maneje un lenguaje accesible, coloquial y no técnico.

Lo que sin duda alguna si existe, y abundan en definitiva, son los que simplemente cuentan la experiencia de quien los escribió, los que cuentan anécdotas, consejos y pensamientos pero, regresando un poco a mi modesto punto de vista basado en experiencia propia, esto no ayuda en lo más mínimo y solamente produce una sensación de vacío al terminar de leerlos al preguntarnos - *bueno, y… ¿ahora qué?...*

Entraremos de lleno a la estrategia a seguir, paso a paso, mediante la cual adquirirás el conocimiento necesario para iniciar a la brevedad posible, incluso hoy mismo y de manera gradual. Te proporcionaré LA RECETA para lograr ingresos en corto tiempo, no solamente la guardes para después, mejor comienza con la receta hoy mismo y los ingresos llegarán en menos tiempo de lo que piensas, solo **¡Hazlo!**

Mantén mente abierta a lo largo del presente libro considerando que la receta, la fórmula, como quien dice, aquí te la proporciono pero se puede perfeccionar o acoplar a ciertas variables o entornos posibles. Tal como en algún momento alguien me dijo:

"Si no cuentas con todos los conocimientos sobre un tema que necesitas o te interesa, entonces lo que debes hacer es aprender y copiar a los grandes, a quienes sí los tienen... Busca qué fue lo que hicieron y cómo lo hicieron para llegar a su meta y sigue sus pasos, y cuando estés arriba o sobre la marcha es tu obligación el perfeccionarlos".

Te proporcionaré toda la información correspondiente a la estrategia a seguir paso a paso para que salgas de la adversidad económica, para que establezcas tu propio negocio, para que obtengas tu libertad financiera e incluso vivas de ello con calidad de vida.

Lo sé... Lo viví en carne propia

Como dicho con anterioridad, no es ni será mi finalidad en el transcurso del presente libro el mencionar anécdotas o pensamientos de quienes aseguran el haber amasado grandes fortunas, ni lo será el contar mis propias anécdotas o pensamientos dado que no es el caso, considerando que eso no te proporcionará más que únicamente una sensación de que sí es posible el lograr, el alcanzar una independencia financiera así como la esperanza de poder salir de la adversidad económica, en cambio lo que expondré en el presente libro es el cómo tú lo puedes lograr, los pasos necesarios, que yo mismo realicé en algunos casos bajo prueba y error y en otros bajo aprendizaje sobre la marcha y esto te lo otorgo como se dice "ya digerido" con la finalidad de que no pierdas tiempo y comiences a hacerlo incluso hoy mismo.

De tal manera que puedo decir sin temor a equivocarme que estarás haciendo la siguiente pregunta... y, si todos aquellos autores que solamente cuentan anécdotas sobre padres ricos o hablan de su éxito alcanzado sobre un "x" negocio entonces **¿por qué tú sí me dirás el cómo hacerlo paso a paso?** a lo cual respondo a continuación de manera breve:

Tiempo atrás después de varias pláticas con una amiga, la cual se dedica a la lectura de Tarot, en las cuales le preguntaba ¿cuáles eran las consultas más solicitadas?, ¿qué era lo que las personas querían conocer más?, me respondía que era sobre: **El dinero, sobre la economía.**

En las consultas, la ansiedad, la desesperación era el conocer el **Cómo Salir de su situación económica desfavorable**, el **Cómo encontrar una salida viable antes sus problemas financieros**, que en muchos de los casos resultaban, además de la adversidad económica por la que estaban pasando, en separaciones, divorcios… como se dice:

"Cuando el dinero no entra por la puerta, el amor sale por la ventana".

Fue entonces cuando decidí escribir el presente libro dado que en algún momento pasé por esa misma situación, **lo viví en carne propia.**

En aquellos días, difíciles realmente para mí, buscaba cómo salir adelante, cómo brincar la adversidad económica por la cual estaba pasando, iniciando una búsqueda por medio de libros de autoayuda, de negocios, de personas que habían logrado salir adelante y me encontré un común denominador en todos ellos:

"Anécdotas o pensamientos de los autores únicamente",

Sin decir, sin explicar el **cómo lo lograron**, sin decir **que fue lo que hicieron** o llevaron a cabo específicamente para, como mencionan en muchos de los casos, "amasaron grandes fortunas".

El encontrar trabajo era difícil en aquella época (y actualmente pasa lo mismo), más por la edad y la escasa oportunidad laboral existente era mal pagado y bajo jornadas largas. Eran momentos desesperantes por completo; el estómago y la sed no conocen de dinero, con eso lo digo todo.

Fue un día cuando buscando en Internet un trabajo se me ocurrió entrar a mi página de facebook, a la cual hace ya tiempo no accedía, y encontré un mensaje de una ex compañera de trabajo (cuando en ese entonces me desenvolvía como gerente comercial) en el cual me pedía que la contactara y - "bueno pues, la contactaré" - pensé (sin mucho ánimo realmente dada mi situación). Al ponerme en contacto con ella vía Messenger y después de, penosamente, exponerle por lo que estaba pasando me pidió que nos viéramos en su oficina y platicáramos sobre su negocio.

Estando ahí me comentó que gracias a Dios vivía bien, sin contratiempos y de manera holgada por completo, manejando su propio tiempo… Su cara lo decía todo, un semblante de paz, de tranquilidad por completo, algo que ya no conocía en mí.

Me invitó a participar con ella y fue entonces cuando conocí el poder del Negocio Inmobiliario, el poder y crecimiento de los Bienes Raíces que sin importar la situación todas las personas necesitamos un lugar para vivir.

Posteriormente de iniciar, al cabo de no digo un mes sino de solamente una semana conseguí mi primera oportunidad de negocio lo cual fue algo sumamente satisfactorio en todos los sentidos y desde ese momento mi enfoque se canalizó por completo al negocio mismo. Mi teléfono celular recibía al menos cuatro llamadas al día de personas que requerían ya sea rentar, comprar o vender una propiedad durante esas primeras semanas de "arranque" y los resultados se iban dando bajo la marcha, además encontraba mensajes en mi WhatsApp o correo electrónico sobre otros agentes inmobiliarios que querían concertar una cita para realizar una alianza estratégica.

Bueno pués... Como mencionado anteriormente no es mi finalidad en la presente obra el mencionar los logros y mucho menos las anécdotas o propios pensamientos al respecto, considerando que, lo digo porque en mi caso, eso no ayudó al propósito de salir de la adversidad económica y dar origen a un negocio propio realmente reditualbe y sí es mi finalidad:

El decirte, el explicarte el Cómo lo llevé a cabo, el explicarte paso a paso el cómo tú también lo puedes y llevarás a cabo sin inversión,

Sin invertir en inmueble alguno dado que, como mencionado anteriormente, yo empecé práctica y literalmente con "las bolsas vacías" y lo digo tal como es sin pena alguna.

Yo lo viví y sé lo que es créeme, al igual que sé lo mucho que significa que alguien te apoye a levantarte y por eso mismo elaboré la presente obra para todas aquellas personas que quieran, que deseen levantarse, para todas aquellas personas que luchan hoy día contra la adversidad económica, para quienes estén dispuestos o quieran iniciar un negocio propio o bien el incrementar sus ganancias con un negocio por demás gratificante... Como alguien me dijo un día:

"El Sol sale para todos y la Tierra es para quien la trabaja".

En los siguientes capítulos explicaré a detalle lo que tienes que hacer y cómo lo tienes que hacer paso a paso para empezar a ganar dinero en el fabuloso mundo de los Bienes Raíces.

No sin antes quiero que dejes fijo en tu mente lo siguiente, dado que en un libro posterior lo abordaré como complemento al presente:

Dentro de todo lo que leí y vi en los momento difíciles me sorprendió una historia real que todos podemos ver claramente y es el Imperio McDonald's

"El éxito de esta gran franquicia no radica en sus hamburguesas considero (sin ánimos de ofender a nadie que quede claro) que muchos de nosotros podemos hacer hamburguesas mucho mejores. El éxito de McDonald's radica realmente en su trasfondo, es decir, detrás de las hamburguesas en sí, que es el negocio inmobiliario"

Muchas de las veces las respuestas están ahí presentes pero por la presión, por el agobio o desesperación del momento no nos detenemos a ver las cosas de manera clara, no analizamos las cosas como son y por esta razón no vemos lo que está frente a nosotros.

Tenlo mucho, mucho en cuenta que como dicho en otro libro profundizaré al respecto, en principio te recomiendo que inicies no solamente a leer los siguientes capítulos sino a tomar acción al respecto **¡HOY!**

Mauricio g Borrego

El Escuchar el éxito de otros

Como consejo y recomendación ante todo, lo primero que **TIENES QUE EVITAR**, si aún no lo haces mucho mejor o si lo estás haciendo déjalo de lado por favor, es comenzar a leer el éxito de otros si no se indica si no se proporciona el cómo lo lograron, no tiene sentido alguno, en otras palabras, no debes perder el tiempo en solo leer o escuchar el éxito alcanzado por otros cuando no presenten el que hicieron y el cómo lo lograron dado que lo único que obtendrás son dos cosas:

1. Pérdida del valioso tiempo para que tú mismo lo logres

2. Cierto sentimiento de vacío al percatarte que no existe un plan a seguir

Puedes obtener ideas basadas en el propio análisis de lo leído o de lo que se está leyendo, de eso no cabe la menor duda, sin embargo el enfoque primario es comenzar a la brevedad a recibir ingresos, o ¿no? de tal manera que las ideas son para después... primero es comenzar con un plan, con una estrategia ya conformada y dar paso a la Acción.

Por ejemplo, vuelvo al ejemplo de McDonald's; anteriormente comenté que su éxito no se encuentra en sus hamburguesas sino en un trasfondo basado en los Bienes Raíces. De tal manera que al terminar de leer su historia te percatarás de ello con toda seguridad y podrás decir - "que buena idea, no se me habría ocurrido " - para posteriormente decirte a ti mismo - "bueno pero yo no tengo experiencia ni conocimiento sobre los Bienes Raíces, buscaré otra opción" y de esta manera te convertirás en coleccionista de libros de personas que mencionan lo exitosas que se convirtieron indicando, en algunos casos, el que hicieron pero sin proporcionar el cómo y si lo mencionan será de manera superficial solamente, lo que no sucede con el presente libro.

Puedes ocuparlos como motivación eso que ni que, por ejemplo yo mismo ocupaba algunos de esta manera únicamente al percatarme como mencionado anteriormente que yo para empezar ni contaba con la experiencia ni con los conocimientos para seguir sus pasos y mucho menos sin conocer "la receta".

Una de las historias que ocupaba como motivación misma era la de **Chris Gardner** (más conocida por la película "En busca de la felicidad") quizá por la cierta semejanza a mi situación de aquella época, siendo consciente de que yo no contaba con los conocimientos para operar como corredor de bolsa claro está, ni con la oportunidad para llevarlo a cabo considerando la región en donde me encontraba. Habría sido pérdida de tiempo el haber enfocado esfuerzos, dedicación al respecto.

Lo cual nos sitúa en un punto de gran importancia y es que la oportunidad de lo que se desea hacer sea accesible o viable en la región en donde nos encontremos, no podemos cultivar tomates si estamos en el desierto sería pérdida de dinero, tiempo y esfuerzo claro está.

Si nos desenvolvemos en un entorno de computadoras y conocemos de ellas, como el caso de Steve Jobs, es más claro el rumbo así como el obtener los elementos para alcanzar el objetivo, el éxito mismo.

De tal manera que otra de las ideas que se pueden obtener al leer o escuchar historias de personas que han alcanzado el éxito, y de manera breve, es el encontrarnos en el lugar adecuado para desarrollarnos mediante una estrategia bien estructurada y bien definida en la cual se encuentren todos los elementos de manera "fácil", de manera natural, considerando tanto la oferta como la demanda así como las herramientas disponibles para operar en nuestro propio negocio, en el caso del negocio inmobiliario el lugar adecuado se encuentra prácticamente en todas partes.

Nota: solamente mencioné el "encontrarnos en el lugar adecuado" más no el "encontrarnos en el momento y lugar adecuado", ¿Por qué? porque el momento lo decide cada quien, el momento de pasar a la acción, como dicho en algún otro capítulo es bajo libre albedrío y nadie puede obligar o forzar a nadie a llevarlo a cabo si no es bajo propia y absoluta convicción. Una vez contando con la estrategia a seguir paso a paso incluyendo los elementos necesarios entonces la acción misma depende solamente de ti en relación al sentido de "urgencia" para salir de la situación desfavorable que estés pasando o para obtener un negocio redituable por completo.

Por tanto **no pierdas el tiempo y pasa a la Acción**, puedo suponer que si adquiriste este libro o ebook fue por el planteamiento inicial del conocer el cómo para llevarlo a cabo y no únicamente para obtener ideas u obtener un título más para coleccionar.

Ingreso Activo y Pasivo

Existe mucha diferencia entre Activo y Pasivo contablemente hablando de lo que es Ingreso Activo e Ingreso Pasivo, dentro del presente capítulo hablaremos únicamente de lo último.

Vamos a considerar las siguientes definiciones esenciales, en términos financieros, con la finalidad de comprender de manera clara los conceptos para posteriormente profundizar en el primer punto:

1. **Activos:** Son todas aquellas cosas que nos dan dinero a nuestros bolsillos
2. **Pasivos:** Son todas aquellas cosas que nos quitan dinero de nuestros bolsillos

Te invito a realizar un ejercicio bajo las definiciones anteriores referente a que respondas la siguiente pregunta: ¿cuáles son los activos que tienes en tu vida y cuáles son los pasivos?

Ahora bien de manera más amplia, ¿qué son los activos? (No hablando en términos contables) Son todas aquellas cosas que nos generan un ingreso de manera periódica, ya sea de forma diaria, mensual o anual.

Como ejemplo, podemos decir que tu salario es exactamente eso, ¿o no?

El Activo se clasifica en dos tipos:

A) **Ingresos Activos:** Es el dinero que entra a tu bolsillo con la necesidad de trabajar en algo para obtenerlo, de lo contrario no se recibe ni un solo centavo, por ejemplo tu salario el cual depende de tu trabajo.

B) **Ingresos Pasivos:** Es el dinero que entra a tu bolsillo sin la necesidad de que tu trabajes por él.

En su mayoría (por no decir que el 99.9%) de las personas solamente tienen ingresos activos, los cuales provienen de su salario o fuente de trabajo.

Si nos dieran a elegir el tener ingresos activos o pasivos, claro está, que la mayoría de las personas elegirían los ingresos pasivos como la mejor opción, sin embargo en la vida, en el día a día muchas personas ni siquiera piensan en esa alternativa o no conocen su existencia y se limitan a obtener ingresos activos conformándose, además, con un bajo sueldo con extensas horas de trabajo para conseguirlo.

Imagina por unos momentos que puedes conseguir algún activo que te proporcione ingresos pasivos, es decir, sin la necesidad de que tu trabajes en ello con lo cual vas a disponer de más tiempo y que además ese ingreso seguirá llenando tus bolsillos e incluso ese ingreso se puede ir aumentando con el paso del tiempo.

El llegar a tener libertad financiera (ser financieramente libre) es en sí el conseguir en algún momento tantos **INGRESOS PASIVOS** que no necesitarás trabajar de manera directa y lo mejor es que tendrás mucho tiempo libre para hacer lo que realmente quieres.

Es exactamente esta lógica la que muchos empresarios exitosos aplican en su vida y la razón por la cual aprenden a utilizar su dinero para apalancarse, crear negocios y de esta manera generar más ingresos pasivos.

Dentro del negocio inmobiliario es posible el obtener **INGRESOS PASIVOS**, simple y sencillamente utilizando, por ejemplo, lo visto en el *CAPITULO VII. Una variante a la estrategia. Subarrendamiento*, mediante la cual se puede ir creciendo en los activos que a su vez vayan generando dichos ingresos pasivos. Como este ejemplo existen muchas otras posibilidades de hacerlo dentro del mismo negocio inmobiliario las cuales explicaré, de igual manera paso a paso, en otro libro que estoy preparando.

El adentrarme a hablar sobre el tema de Ingresos Activos y Pasivos así como enfocar más en éste último es con la finalidad de que comiences dese este momento a abrir tu visión al respecto y lo consideres como un propósito, como una meta realmente alcanzable y de esta manera en futuro a mediano plazo consigas comiences a generarlos.

Ahora bien, para llegar a ese punto es sumamente importante que tengas en mente a cada momento que solamente el esfuerzo y la dedicación (Ingreso Activo) que apliques a la estrategia indicada en el *CAPITULO VI. Estrategia y Acción* te proporcionará los recursos para tal efecto, donde el ahorro, es de igual forma, sumamente importante y no solamente para tal finalidad sino para diversos aspectos de la vida, recuerda siempre el estar "preparándote durante el tiempo de las vacas gordas para el tiempo de las vacas flacas".

Definir Estrategia. Enfocar y No Divagar

Cuando comencé a buscar alternativas para ganar dinero, para "sobrevivir" en este mundo, me encontré con diversas opciones dentro de Internet así como de diversos libros al respecto; me encontré en pocos días inmerso en un "océano" (literalmente hablando) de alternativas y supuestas soluciones para obtener dinero de manera rápida (mencionaban unos) o de manera inmediata (mencionaban otros), o en base al tiempo dedicado (decían otros) donde el común denominador era: el alcanzar la libertad económica con el mínimo esfuerzo y con altas ganancias.

Desde mis años universitarios, dada la preparación quizá y posteriormente la experiencia misma del día a día, se aprende que todo requiere esfuerzo y dedicación, el alcanzar los objetivos trazados requieren constancia, perseverancia.

Durante el trayecto para alcanzar el puesto de Subdirector Operativo y de Sistemas dentro de la empresa francesa en donde laboré nueve años de mi vida se presentaron diversas situaciones desde tener que acudir a diversos cursos, un diplomado tanto por las noches entre semana como los fines de semana por las mañanas o tener que quedarse hasta altas horas de la noche en la oficina terminando el trabajo mismo o hacer uso de la "improvisación" para resolver ciertas situaciones... Lo que trato de decirte es que el lograr crecer, alcanzar las metas, requiere esfuerzo y dedicación, que de igual manera el evolucionar interiormente también lo requiere (¿por qué digo esto último?, porque puedo asegurar hoy por hoy que el crecimiento interior así como el exterior van de la mano por completo: "Como se está por dentro se está por fuera" conformando un equilibrio mismo en crecimiento conjunto, pero eso es otro tema).

El esfuerzo y la dedicación no existen si no se tiene un enfoque, es decir, si no sabemos en qué enfocarnos solamente estaremos divagando, de tal manera que el enfoque es fundamental para que una vez definido entonces y solo así podamos concentrar tanto nuestro esfuerzo como nuestra dedicación al respecto donde cabe mencionar que el **ENFOQUE Y EL ENFOQUE BAJO PLENA CONVICCION** son sumamente diferentes, veamos…

Si vemos alguna de las "alternativas" que existen en Internet para "obtener ingresos de manera rápida, al propio ritmo y con altas ganancias" podríamos decir que suena muy bien y quizá lleguen a nuestra mente ciertas dudas como por ejemplo: "no lo creo pero suena bien", "se me hace que es una tomada de pelo pero puedo probar", "es algo ilógico pero no tengo de otra",… y muchas más.

Si comienzas con dudas alguna de las alternativas ten completa seguridad que a las dos primeras contrariedades que se presenten estarás renunciando a ella y con mucha mayor probabilidad de claudicar de manera temprana cuando los ingresos tarden en llegar más tiempo de lo indicado y simple y sencillamente porque no estabas convencido de llevarlo a cabo desde antes de comenzar y no le tomabas la seriedad que ameritaba desde el inicio.

Pero, ¿qué pasaría si te dijeran que es la única opción para vivir y de no hacerlo morirás con sufrimiento? (Quizá suene trágico, pero es necesario) No existe otra alternativa, únicamente esa frente a ti y de la cual tienes cierto tiempo para obtener resultados o, como dicho, está de por medio tu vida misma y más aún que de lograr los resultados tu vida será plena por completo, sin carencias, sin limitaciones a partir de ese momento... Será entonces, lo más probable, que busques la manera de obtener los resultados necesarios por completo, tomarías esa opción con seriedad sin anteponer cualquier duda al respecto, es vivir o morir hoy, lo que resulta en llegar a un **ENFOQUE ABSOLUTO** por alcanzar la vida plena prometida y no el morir con sufrimiento.

Ahora bien, si dentro de esa opción, además, se presenta la oportunidad de hacer algo que te gusta hacer o de lo cual tienes o has tenido interés de llevar a cabo en algún momento dado entonces el enfoque se convierte de cierta forma en un placer con lo que el alcanzar el resultado será con toda certeza un logro.

Si le sumamos que recibes, al momento de dar inicio, la "receta", es decir, la estrategia explicada paso a paso para llevarla a cabo entonces ¿qué más se podría pedir? A lo cual solamente el fracaso vendría de dos poderosos enemigos que rondan bajo esas circunstancias a cada momento y son: 1) el exceso de confianza y 2) la soberbia, enemigos a los cuales tendrás que enfrentarte tarde o temprano, cuyas batallas se librarán en el terreno de no modificar o cambiar el rumbo de la estrategia misma, los pasos dados, hasta no estar completamente sólidos, hasta no tenerlos completamente plasmados en la mente como un mecanismo automático así como en el terreno de sentir que has alcanzado la "gloria" y frenar el ritmo de manera repentina donde la competencia no estará dispuesta a dar tregua alguna, siendo estos dos enemigos y las batallas mismas a lo que llamo DIVAGAR, lo que implica que los límites los pones tu y nadie más al contar con todos los elementos sobre la mesa para alcanzar el objetivo: **UNA VIDA PLENA**.

Al adquirir el presente libro has dado el primer paso considerando que efectivamente te encuentras buscando alternativas para obtener dinero o bien el establecer tu propio negocio combinando con un muy probable interés en los Bienes Raíces, de tal manera que el ENFOQUE se está conformando.

Ahora bien, contarás con la receta, paso a paso para lograr el objetivo de tal manera que tu convicción para tal efecto juega un papel muy importante para llegar al punto crucial de convertir el enfoque en un **ENFOQUE BAJO PLENA CONVICCION** lo que provoca un poderoso efecto de esfuerzo y dedicación para alcanzar el objetivo motivo por el cual diste ese primer paso.

La convicción solamente tú la puedes alcanzar, para ello y como parte de apoyo para que la obtengas y la "apliques" para que lleves a cabo la estrategia establecida en el presente libro te puedo decir que, y como dicho anteriormente, debes **considerar esto como la única opción**, la única alternativa para conseguir dinero, para establecer tu propio negocio bajo un interés sobre los Bienes Raíces cuyos resultados te proporcionarán **una vida plena**, no busques más opciones de lo contrario el primer paso dado se convertirá en diez pasos pero para atrás con la respectiva pérdida de tiempo y una biblioteca o una colección de archivos digitales con tan solo alternativas y sin resultados contundentes del motivo inicial, ten en mente que **AL DAR ESE PRIMER PASO LA PUERTA SE CERRO Y NO HAY VUELTA ATRÁS SOLAMENTE HACIA ADELANTE** y da ese siguiente paso a la **ACCION**, atrévete a dar ese segundo paso sin titubear, sin miedos, sin dudas y de esta manera tu convicción se fortalecerá; ese segundo paso es y será la diferencia de lograr la meta sobre aquellos que no la consiguen por "dudar" en dar ese mismo segundo paso.

Una de cada cincuenta personas que adquieran el presente libro darán ese valioso segundo paso, bajo plena convicción de llevarlo a cabo con esfuerzo y dedicación y por ende alcanzarán el propósito del presente libro, y esa persona cuento con que seas TU…Solamente **¡HAZLO!**

La Motivación Real

Un aspecto de suma importancia que siempre, a cada momento debes tener en mente es el motivo mismo que te impulsa a ejecutar lo que quieres, lo que deseas.

Un sencillo y breve ejemplo es el hecho de que "algo" te impulsó a obtener el presente libro lo que conllevó a leerlo y claro está es lo que estás haciendo en estos momentos al leer estas líneas, pero... ¿qué fue ese "algo" que te impulsó a dar el primer paso de obtenerlo?

Pueden ser unas de las siguientes opciones entre otras:

1. Curiosidad
2. Recomendación
3. Ideas para iniciar un negocio
4. Desesperación económica
5. Ganas de independizarte
6. Hacer la prueba
7. Crítica

Cualquiera que haya sido la respuesta, ese "algo" fue lo que te impulsó a dar el primer paso, siendo que ese "algo" movió tu **Fuerza de Voluntad y es de donde parte TODO**.

En mi libro **"Como hojas en el viento"** hablo a profundidad al respecto entre otros puntos, sin embargo considero importante mencionar algo relacionado al respecto, veamos…

Si el impulso, el motor que activó tu voluntad y esta misma voluntad que conllevó a una acción se mantiene alimentado de manera constante entonces implica que seguirás adelante sin frenos, sin límites que en algún momento tú mismo podrías crearte.

En otras palabras, tú mismo serás el freno, quien se ponga los límites de hasta dónde quieres llegar. De tal forma que en la medida que la base, siendo ese "algo", se mantenga encendida será en la medida en que la Motivación Real impulsará tu Fuerza de Voluntad de llevarlo a cabo.

Mientras más firme sea el motivo, mientras más importante sea para ti el motivador en la misma medida será la voluntad de seguir adelante, de llegar a la acción de manera constante siguiendo la estrategia que en el siguiente capítulo te proporcionaré para de esta manera alcanzar el objetivo.

Por lo tanto desde este momento te digo de manera sincera como debe ser, si tu motivador ha sido y es, por ejemplos, el hacer la prueba o quizá curiosidad entonces en breve darás marcha atrás e incluso te puedo decir que no darás inicio ni siquiera a los primeros puntos de la estrategia a seguir.

Si el motivador es el deseo de salir adelante económicamente después de haber probado, leído o escuchado diversas alternativas posibles para salir de la situación en la que te encuentras y las cuales solo fueron estafas (considerando que en muchos de los casos, que abundan en la red por cierto, te piden por ejemplo afiliarte o solicitar un paquete a un "x" precio para hacer encuestas sin obtener los resultados prometidos o mencionados) entonces darás inicio a la estrategia del siguiente capítulo quizá con cierta incredulidad o sarcasmo lo cual no es el caso, y de lo cual te digo desde este momento, para que quede claro, que realmente no vas a invertir en sistemas de afiliados, ni en paquetes y mucho menos en inmueble alguno, no te voy a decir que pidas prestado a amigos, a familiares o conocidos para que adquieras una propiedad, la arregles y luego la vendas (sería algo, disculpa la expresión, "estúpido" de mi parte el decirte eso); al contrario ganarás de estos últimos, de los inmuebles, de las propiedades sin tener que invertir, date la oportunidad a ti mismo de creer bajo plena convicción. Ojo, no digo "date la oportunidad de probar", digo de "**creer bajo plena convicción**". Recuerda el motivador es el motor mismo de la voluntad.

Si tienes familia, ya sea si eres padre o madre de familia, sin considerar el estado civil en el que te encuentres y tus hijos y/o cónyuge dependen de ti, entonces el motivador de brindarles, de proporcionarles una vida de calidad habla por sí solo y este motivador se encuentra presente, frente a ti a cada momento, por lo tanto fija el motivador tanto para dar inicio a la estrategia misma como mientras avanzas en ella, así como fija el motivador en cada una de las operaciones que concretes; la satisfacción de ver, de sentir la felicidad de tu familia es y será más importante que las altas ganancias que recibirás, te lo aseguro. **Fíjalo en tu mente.**

El motivador, el impulso es una pieza fundamental no solamente en el negocio inmobiliario, en la estrategia a seguir, también en todos los aspectos de la vida lo cual te invito a meditar como consejo fuera de contexto.

Ahora bien, bajo lo visto anteriormente, la importancia del motivador considero que ha quedado claro, de tal manera que pasemos al punto de ejercicios de visualización… Sí, así es: **Visualización.**

Quizá te preguntarás… pero ¿qué tiene que ver eso con el negocio, con la estrategia? La respuesta es: Todo.

Como mencionado con anterioridad, mientras el deseo, el motivador se encuentre presente implica que la voluntad estará activa y la acción dará a lugar, una sencilla y poderosa regla de causa y efecto.

Por lo tanto y reiterando:

"En la medida que mantengas la llama encendida en la misma medida será la voluntad que conlleva a la acción y por ende a los resultados que se obtengan"

En cuanto a ejercicios de visualización me refiero en primera instancia a la llama del motivador y posteriormente como preparación al inicio de actividades en general.

Pondré un ejemplo:

Has pasado ya bastante tiempo trabajando para otros, es decir, has sido empleado con un bajo salario y con horarios extremos de tal forma que no ha sido posible el brindar una buena calidad de vida tanta a tu familia como a ti mismo llegando a la conclusión que has estado viviendo para trabajar y no trabajando para vivir cómoda y holgadamente. Por esta razón estás dispuesto a comenzar "algo" propio, que te proporcione libertad financiera, buena calidad de vida tanto para tu familia como para ti y por azares del destino estás ya leyendo estas líneas.

Te adentras en la estrategia a seguir, no sin antes de comenzar las actividades le dedicas unos cinco minutos para recordarte a ti mismo el cómo quieres estar (ojo, no recordando cómo estás o estabas sino el cómo quieres estar), los efectos de llevarlo a cabo darán frutos, créelo.

Realiza, no diré esta tarea, sino <u>este llamado a la acción</u> de manera diaria tanto antes iniciar actividades del día como antes de ir a dormir, independientemente de haber tenido un día sumamente productivo como un día no muy bueno, siempre llévalo a cabo.

El exceso de confianza es un enemigo natural creado por uno mismo, por lo tanto vuelvo a repetir que realices el llamado a la acción diariamente, independientemente de haber tenido días excelentes consecutivos, es importante lo lleves a cabo… Un aspecto sumamente importante que aprendí es:

¡En ningún momento debes confiarte!

En el *Anexo II.*, como tema de ejemplo relacionado, hago mención al uso del poder de la energía sexual que quizá en estos momentos al leer estas líneas te preguntes ¿qué tiene que ver eso con todo esto? siendo la respuesta ¡Mucho!

Como lo explico más a detalle en el *Anexo II. La fuerza de la energía sexual*, que como visto hasta aquí, el motivo, el deseo es lo que impulsa a la voluntad a realizar una acción y un ejemplo natural es exactamente el funcionamiento de la energía sexual.

De manera general (lo explico a detalle más adelante), por ejemplo, cuando nos encontramos en la escuela y vemos a un chico(a) que nos atrae bastante físicamente y de alguna manera por unos instantes cruzamos miradas percibiendo un sentimiento recíproco es entonces cuando "algo" nos impulsa a acercarnos y se enciende la "chispa del ingenio" mediante la cual buscamos la manera de hacerlo… lo cual tarde o temprano se concreta… ¿por qué? por la fuerza de voluntad encendida mediante ese "algo" (como se dice "cosquillitas en el estómago") la cual conlleva a la acción por medio de un plan, de una estrategia generada por el ingenio.

Por lo tanto, tienes (no debes), reitero: "tienes" que considerar el que no vas a probar, no vas a ver qué pasa con los pasos a seguir sino que tienes que estar bajo plena convicción de llevarlos a cabo con base en el motivador (motivo) para alcanzar el fin, el objetivo mismo de lograr **GANAR DINERO, DE OBTENER TU PROPIO NEGOCIO, TU LIBERTAD FINANCIERA.**

La Estrategia y Acción

Como dicho anteriormente: Lo importante no es el escuchar historias de otras personas sobre sus logros obtenidos, no es el conocer lo que han tenido que pasar, así como el tiempo que tardaron para conseguir el objetivo ya sea sobre la libertad económica de la que gozan o bien sobre un negocio consolidado redituable que establecieron, como ejemplo nuevamente puede ser lo que decían los *¡Padres Ricos!* Y muchos otros… Lo importante es el saber ese gran "Secreto", y no me refiero como mencionado en algún momento al hecho de tan solo conocer el "famoso" secreto respecto a que solamente basta con pensar que se darán las cosas como se quieren dado que podrías pasar como se dice "sentado" por mucho, mucho tiempo sin que pase absolutamente N-A-D-A y el tiempo es oro, cada minuto que pasa se está perdiendo dinero hasta no pasar a la Acción.

Bueno pues, en este momento hagamos un acuerdo inquebrantable por el bien de ambos: **por mi parte a continuación proporciono el que hacer y el cómo hacerlo**, lo cual es mi finalidad y **de tu parte es la Acción** a la brevedad posible; digo por el bien de ambos considerando que si has llegado hasta este punto se debe a que tu voluntad de salir adelante, de alcanzar el objetivo del presente libro está presente y estás esperando el conocer cómo hacerlo lo cual es mi propósito y mi satisfacción y no te defraudaré, solamente: **¡Hazlo!**

I. **Estrategia Sin Invertir: Compra/Venta + Rentas**

Con esta perfecta, estructurada y personalmente probada (...no hablo al aire) estrategia que explicaré a detalle, paso a paso lograrás a corto plazo y me refiero a un par de semanas el obtener beneficios económicos sin tener que invertir absolutamente en nada sobre bienes raíces.

Recuerda que debes tener en mente a cada momento lo siguiente:

El éxito, el imperio de McDonald's no es por su receta para hacer las hamburguesas, su éxito radica en la estrategia sobre los Bienes Raíces la cual tuvo que formularse, diseñarse en principio para llegar a los pasos a seguir. De tal manera que no es mi interés, siguiendo con lo mencionado, el "enseñarte" a hacer "las hamburguesas" sino el explicarte a detalle lo que está detrás de ellas, el verdadero enfoque y plan que llevado a cabo como receta te dará los beneficios económicos que deseas mediante los Bienes Raíces ya sea que cuentes o no con cierta experiencia al respecto.

Formatos Prediseñados

Cabe señalar en este momento, y antes de continuar con la estrategia, que en el *Anexo IV. Formatos prediseñados*, te proporciono la información necesaria de aquellos formatos que te ayudarán en el inicio por completo, la finalidad de proporcionarte tal información es para ahorrarte tiempo al respecto y de esta manera pases a la Acción para que de esta forma comiences a ganar dinero lo más pronto posible lo cual ya dependerá de ti por completo.

II. Elementos Indispensables

En principio el enfoque debe mantenerse en poner sobre la mesa las siguientes herramientas, el obtenerlas, dado que serán la clave al éxito sobre el negocio real de Bienes Raíces y son:

A) Smartphone

B) Notebook (de preferencia) o una PC (que dado el caso por razones económicas, se puede reemplazar en principio por una buena pluma y un buen cuaderno de cuadros y eso sí de esta manera tu Smartphone será vital)

C) Cuentas Básicas Informáticas

D) Tarjetas de Presentación

E) Buen aspecto personal

Quizá en estos momentos si aún no cuentas con los elementos o te haga falta uno o unos de ellos estés pensando el cómo conseguir estas indispensables herramientas que son la base angular, los cimientos, del inicio del negocio mediante las cuales se llevará a cabo la estrategia encaminada a la obtención de tu libertad financiera, encaminada a obtener dinero y en gran medida.

Como recomendaciones te puedo decir respecto al inciso A) y B) anteriores que si bien los puedes conseguir de segunda mano como yo mismo lo hice en un inicio mediante casas de empeños o bien mediante el uso de generación de Activos (que como dicho en el capítulo correspondiente a *Activos y Pasivos*, un Activo es lo que te genera ingresos de manera pasiva, es decir constante, para ello y si deseas profundizar en el tema puedes considerar el adquirir el Título "Generando Activos y No Pasivos" mediante el cual explico el cómo, el que hice para lograrlo, para ayudarme a mí mismo a obtener las herramientas sin necesidad de invertir.

A continuación, menciono algunos puntos relevantes sobre cada una de las herramientas que se utilizarán:

A) Smartphone

La marca del equipo es indiferente, así como el precio, esto ya es en base a tus gustos y posibilidades. Lo que es de suma importancia es que no falle, que esté disponible prácticamente las 24 horas del día como lo veremos más adelante.
Es necesario que cuentes con saldo a cada momento, dado que será ¡i-n-d-i-s-p-e-s-a-b-l-e! para la función a desempeñar de contactar tanto a la oferta como a la demanda, es decir, el intermediar tanto con posibles compradores o arrendatarios como con quienes desean vender o rentar su propiedad, así como con inmobiliarias de manera directa.

El acceso a Internet mediante el Smartphone de igual manera será importante como lo veremos más adelante.

B) Notebook o una Pc

Se puede reemplazar en principio por una buena pluma y un buen cuaderno de cuadros y eso sí de esta manera tu Smartphone será vital, será más laborioso eso sí, como se dice: "más talacha" pero se puede ocupar; sobre la marcha y dadas las operaciones que den a lugar así como el crecimiento gradual del negocio mismo te darás cuenta de que efectivamente es necesaria una Notebook o PC.

El uso de una notebook es mi recomendación tanto por el precio como por la facilidad, dado el caso, de traslado ya sea a una cita con un posible comprador o arrendatario, así como con un vendedor o arrendador de un inmueble e incluso con una inmobiliaria. Su uso es y será tanto para:

- Presentaciones de los inmuebles de tu "inventario" en sí, ya sea en trato directo o enviadas en archivo adjunto, como para posteriores presentaciones de tu propio negocio.

- Para llenado de formatos en el momento (como se dice, "a la oportunidad la pintan calva")

- Llevar el control de la base de datos que veremos más adelante,

- El control y acceso de tus cuentas Informáticas principales que deberás tener como lo veremos en el siguiente inciso,

- Además de proporcionar una buena imagen de ti para con quienes tendrás relación directa en el maravilloso negocio de Bienes Raíces.

No es un factor el tener que llevarla contigo a todo momento o a cada una de las citas, el momento tú lo decides, pero como dicho es mi recomendación una Notebook.

De tal manera que el equipo deberá contar con acceso a Internet y que cuente con procesador de textos, hoja de cálculo y programa de presentaciones, para ello y para evitar gastos innecesarios recomiendo el uso de Google Drive el cual los proporciona y de manera gratuita, solamente tienes que dar de alta un correo electrónico por medio de Gmail, el correo debe ser el mismo que obtengas en base a lo mencionado en el siguiente inciso.

Nota: Además la misma cuenta de Google Drive te permitirá compartir todo tipo de archivos e imágenes con otras personas, con los posteriores miembros de tu equipo de trabajo.

C) Cuentas Básicas Informáticas
Debes contar con tres puntos fundamentales, siendo:

1. Correo electrónico: El cual debe ser uno independiente al de uso personal, un correo electrónico que hable de lo que haces, de lo que manejas, que identifique con facilidad a lo que te dedicas, por ejemplo, no es funcional que des de alta un correo electrónico elarracadas@gmail.com en lo absoluto, estarás de acuerdo con esto, en cambio un correo por ejemplo asesorinmobiliariomiguel@gmail.com es mucho más funcional.

Ya creada la cuenta de correo electrónico bajo lo indicado anteriormente es necesario lo des de alta en el Smartphone con la finalidad de estar a cada momento al tanto de tu negocio que dará inicio.

2. WhatsApp: En la actualidad es por demás decir la importancia del uso del WhatsApp como medio de comunicación tanto por su facilidad de uso como la rapidez y económico que resulta para estar en contacto tanto con los interesados en adquirir o rentar un inmueble como con quienes desean venderlos o rentarlos como lo veremos.

3. Crear Página en Facebook: Desde este momento te digo que la página la deberás crear pero solamente "abrirla al público" después de avanzar con el tema *III. El Inventario. Su creación*, dado que no debes cometer el pequeño pero gran error que muchos cometen y es comenzar sin tener nada que ofrecer.

Si ya tienes una cuenta de Facebook perfecto, mediante la cual podremos dar manos a la obra o bien si aún no la tienes, deberás dar de alta una para posteriormente crear una página abocada al negocio mismo y quizá preguntes el ¿por qué? a continuación te doy respuesta.

Una página de negocio elaborada en Facebook te brinda la posibilidad de llegar a miles de personas, a miles de prospectos para la finalidad misma del negocio considerando que actualmente es la red social más utilizada a nivel mundial y es en este punto donde se encuentra una gran ventaja la cual es: regionalizar y personalizar. (En el *Anexo I* explico la configuración que recomiendo para tú página para los fines del negocio mismo)

Por ejemplo no es necesario y mucho menos recomendable la regionalices a nivel mundial al crear campañas publicitarias, basta con que filtres su audiencia para la región misma, en otras palabras, al país en donde estás operando con los Bienes Raíces y sus alrededores. En verdad te sorprenderás con las visitas que tendrás y más por las llamadas, mensajes en WhatsApp que recibirás así como los correos que de manera gradual estarán llegando a tu bandeja de entrada y todo en la palma de tu mano, todo en tu Smartphone el cual deberás traer contigo a cada momento, recuerda que la atención, el servicio al cliente es vital en todo tipo de negocios y el brindarle a los clientes la atención que se merecen así como las respuestas a sus preguntas en tiempo y forma serán una gran diferencia contra la posible competencia que exista en tu entorno además de las recomendaciones que darán a lugar.

Ahora bien, en cuanto a personalizar me refiero al filtro referente a las edades. Por ejemplo, en muchos de los casos y dependiendo del país en donde vivas no es conveniente dejar abierto ciertas edades considerando que, como dicho "en muchos de los casos" no en todos claro está, cierto rango de edades no son económicamente activos, no son prospectos cualificados para los bienes raíces y solamente te harán perder tiempo en preguntas y respuestas que dieran a lugar recordando que el tiempo vale oro debes concentrar esfuerzos, enfocar en audiencia que cumplan la mayoría de aspectos necesarios, además que te harán gastar "balas" en las campañas publicitarias que más adelante recomiendo realices dentro de la plataforma de Facebook.

Me dirás y con mucha razón... - "pero quizá un chico(a) de 18 años no es económicamente activo(a) pero entro a la red social a buscar algún inmueble que su madre, padre o familiar le solicitó dado que no saben cómo ocupar la tecnología" y eso es factible y real en la actualidad, sin embargo en principio mi recomendación es ir a lo seguro y como mencioné anteriormente "no gastar balas" - , posteriormente cuando comiences a ganar dinero entonces sí, si es excelente estrategia el dejarlo abierto a todos los rangos de edades.

El nombre de la página debe ser la misma con la cual abriste la cuenta de correo electrónico con la finalidad de proporcionar más solidez a tu negocio de cara al cliente. No es prudente el tener nombres diferentes, como por ejemplo, dar de alta el correo electrónico asesorinmobiliariomiguel@gmail.com y como página en Facebook: facebook.com/ventas/ no es prudente en lo absoluto y si lo es el que manejes el mismo nombre de página: facebook.com/asesorinmobiliariomiguel/.

Agrega tu número de WhatsApp en la foto de portada así como tu número telefónico (el número de tu "oficina móvil", es decir, el de tu Smartphone. Lo recomendable es que agregues en la imagen de portada, por ejemplo:

Cel/WhatsApp: xxx xxx xxxx

En el *Anexo I. Crear página de negocio en Facebook*, proporciono enlaces gratuitos a formatos prediseñados que realicé para que los utilices, solamente descárgalos y cámbialos por tus datos.

También agrega tu número de celular en el campo correspondiente en la ficha de "Información" dentro de la página de Facebook.

Será necesario el indicar tu ubicación, así como el horario en que te encuentras "Abierto", es decir, el horario en el cual brindas el servicio de Bienes Raíces que ofreces.

D) Tarjetas de Presentación

Es necesario el que cuentes con tarjetas de presentación las cuales son elaboradas por la mayoría de los impresores a un bajo costo realmente, además de que el bajo costo es insignificante por mucho en comparación con el poder que ejercen de alcanzar prospectos, no sin olvidar la imagen que te brindará ante los demás.

Lo más importante a considerar dentro de la tarjeta de presentación es, claro está:

a) Tu nombre
b) Servicio que ofreces: "Bienes Raíces Independiente", por ejemplo
c) Teléfono celular/WhatsApp
d) Página en Facebook

Con lo anterior es más que suficiente para que la tarjeta de presentación surta efecto sobre los demás, ahora bien si añades algún logotipo relacionado a los Bienes Raíces es mucho mejor claro está, recordando que las imágenes se quedan grabadas en la mente en mayor medida que las palabras, de igual manera si agregas un domicilio físico es mucho mejor, sin embargo, y como mencionado, con los puntos anteriores basta para que comiences.

Siempre deberás llevarlas contigo al igual que el Smartphone, siempre surge una oportunidad para proporcionarla.

E) Buen aspecto personal

El aspecto personal cobra suma importancia y en el negocio de Bienes Raíces no puede dejarse de lado en lo absoluto; el 90% de las veces es de cara al cliente de tal manera que como se dice:
"Como te ven te tratan"

Me refiero a buen aspecto personal a la presentación de uno mismo y también a la forma de desenvolvernos ante los demás, de tal manera que involucra el tener desde un buen peinado o corte de cabello hasta los zapatos bien boleados, es decir, *"de la cabeza a los pies"*, así como el transmitir seguridad hacia los demás; la manera en la que te desenvuelvas dirá mucho de ti y de lo que ofreces así como respecto a la credibilidad ante los demás.

El tono de voz tiene que ser segura y firme, con un timbre de control sobre la situación, es decir, sin que se quiebre ante las dudas, ante las preguntas que los clientes formulen así como los gestos que hagas deben controlarse, siempre y a cada momento viendo a los ojos, no voltees la mirada, no cruces lo brazos siempre mantenlos abiertos y exprésate con movimiento de los brazos, claro que sin exagerar.

Para ello te recomiendo que practiques a solas y frente a un espejo algunos diálogos modulando la voz, fijándote y controlando tu rostro así como tus movimientos, por ejemplo:

"Buenos días Sr. Fulano, me da gusto me diera la oportunidad de encontrarnos para mostrarle esta excelente vivienda que sin lugar a dudas le gustará tanto a usted como a su familia en base a lo que platicamos vía telefónica. Lo invito a pasar..."

Es importante siempre el portar un reloj de pulsera, como consejo, lo cual aunque no lo creas influye en la atención de los demás para contigo.

Dado el caso, la camisa o blusa, así como los pantalones o falda debidamente limpios claro está y bien planchados; revisa cada mínimo detalle de tus atuendos como por ejemplo que no falten botones.

Recuerda: "Como te ven te tratan".

III. El Inventario. Su creación

Llegó el momento de actuar como el comprador, es decir, el pensar como un posible cliente para ti. Para ello inicia con una zona de tu ciudad, recomendando las colonias cercanas a tu domicilio en principio, las cuales deberás conocer tanto al "derecho como al revés" tomando en cuenta las colonias colindantes de cada una, principales avenidas, las calles principales, las escuelas que se encuentren en dicha zona (desde kínder hasta nivel superior), los comercios o plazas comerciales, los autoservicios, gasolineras, etc.

Lo anterior suma importancia dado que y, como dicho con anterioridad, en principio piensa como un posible cliente siendo que en un momento dado te pueden solicitar una vivienda cercana a una escuela secundaria por "x" motivo y podrás dar respuesta de manera inmediata y con plena seguridad evitando quizá el que tú mismo dudes si tienes o no una vivienda cercana a una secundaria dentro de tu inventario inmobiliario así como el tener que decirle al cliente que te dé tiempo para revisar el dato considerando que en ese "pequeño" lapso de tiempo perdido (recuerda, el tiempo vale oro) podría llamar a otro agente inmobiliario quien le proporcione respuesta inmediata y de esta manera, así de <u>simple</u>, pierdas el negocio.

Otro ejemplo es que pueden preguntar por una vivienda cercana a una "x" colonia dado que se cambiarán ahí por cuestiones de trabajo y desean una vivienda cercana al trabajo mismo con avenidas accesibles.

¿Me explico acerca de la importancia de conocer las zonas? El dominarlas te dará, además de seguridad al responder en tiempo y forma al cliente, ventaja sobre la competencia no preparada, la cual abunda, ten en cuenta que no todos han tenido la oportunidad de obtener los consejos, las recomendaciones y la estrategia que hasta el momento estas adquiriendo por medio del presente libro.

Llamado a la Acción

Debes dar una vuelta, dar un recorrido en compañía de un buen lápiz y cuaderno en primera instancia dentro de tu colonia y apuntar que inmobiliarias están operando dentro de tu propia colonia, si es que las hay, apuntando de igual manera tanto la dirección como el teléfono y el tipo de vivienda o local que están ofreciendo; también aprovechar y apuntar de igual manera el domicilio, teléfono de viviendas y locales que se encuentren en venta y/o renta que "aparentemente" no tengan una inmobiliaria como representante.

Busca en internet si existen casas, departamentos y locales tanto para venta y/o renta dentro de tu colonia apuntando de igual manera el domicilio como teléfono y nombre de contacto (aquí por lo regular se trata de inmobiliarias y en pocos casos de propietarios directos dada mi experiencia).

También busca en los principales periódicos de tu ciudad, que de manera más específica publican tanto oferta como demanda inmobiliaria los días domingos y lleva a cabo lo mencionado con anterioridad, es decir, busca la existencia únicamente por el momento de anuncios relacionados a venta o renta de una vivienda o local dentro de tu colonia o colonias y anota dirección, teléfono y nombre de contacto.

Este llamado a la acción al igual que el siguiente te llevará el tiempo que tú mismo le dediques.

Con esto obtendrás la base de tu inventario mediante una lista de inmuebles tanto para la venta como para renta, la cual denomino:

INVENTARIO PROSPECTO

Posteriormente deberás llamar a los números telefónicos obtenidos mencionando lo siguiente, claro que, puedes decirlo con tus propias palabras:

"Vi que la propiedad ubicada en _____ está en venta (y/o renta dado el caso), soy Agente Inmobiliario y tengo un posible comprador (o interesado al respecto), quiero preguntar si aún está disponible y si te presento al comprador (o interesado) y se concreta la operación ¿qué comisión me participas?"

Muchos estarán interesados al respecto, dado que en el mundo de Bienes Raíces alto porcentaje de las operaciones se lleva a cabo de esta manera, lo cual aprendí. Dadas las necesidades de los propietarios es necesario el realizar la operación lo más rápidamente posible así como en el caso de los agentes inmobiliarios el de obtener ingresos y una oportunidad de esta índole no se deja pasar de lado. Mientras más promoción se dé ante la oferta o renta de un inmueble mayor posibilidad de concretar la operación existe, cuestión de estadística y si alguien llega con una propuesta de esta índole será escuchado.

Una vez conocido el porcentaje de comisión que comparte sobre el valor de venta o renta del inmueble (lo cual en inicio no debes considerar lo baja que sea, recuerda que estás comenzando y ya posteriormente incluso tú mismo podrás negociar la comisión) debes mencionar que contactarás al interesado para pactar una cita y conozca el inmueble y que en breve tiempo le llamarás para tal efecto.

Si durante la primera fase no se menciona el valor de la propiedad o la renta correspondiente es necesario que lo menciones:

"perfecto me parece excelente la propuesta; ahora bien dime por favor el precio de venta (y/o renta) para efectos de mencionarle a la persona interesada y de ser posible las principales características de la propiedad con la finalidad de que vaya ya con una idea al respecto"

Hasta este momento debes manejarlo de esta manera tanto para la venta como para la renta, en principio para que te vayas desenvolviendo, para que pierdas el miedo en sí, te adentres y comiences a operar en los Bienes Raíces. Más adelante en el Capítulo 7 mencionaré nuevamente al respecto y también al cómo manejar la estrategia sobre el Subarrendamiento, pero primero lo primero.

Como en la mayoría de los casos obtienes la información haciendo el recorrido lo que se llama "en campo" (lo cual es lo más recomendable para que a su vez y como visto tengas presente y anotes en tu cuaderno las escuelas cercanas, papelerías, tiendas, etc.) sobra el preguntar si se trata de una casa o departamento.

Si obtienes la información de contacto de Internet por lo regular se indican las características e incluso se acompañan las fotografías de la propiedad.

En este punto las características de la propiedad son en cuanto a:

1. Número de recámaras y si cuentan con closets
2. Número de baños completos y medios baños
3. Si cuenta con cocina y si esta es integral
4. Si cuenta con sala y comedor
5. Si cuenta con jardín y cuarto de servicio
6. Forma de pago, ya sea crédito y/o contado, de aceptarse crédito especificar los tipos de créditos aceptados
7. Se encuentra en buen estado o requiere algún tipo de remodelación o arreglo

Las cuales son preguntas que están a la orden del día por parte de los posibles interesados y debes tener a la mano por no decir en mente.

Nota: Mencioné que muchos estarán interesados al respecto, lo cual significa claro está, que algunos no estarán dispuestos a manejarlo de esta manera por tanto debes tener en mente que la "Negativa" es parte del negocio mismo y no tomarlo como frustración sino que forma parte del propio trabajo. En estos casos de negativa se debe a que los propietarios no les "urge" en sí la venta y/o renta del inmueble y es preferible descartarlos, al menos por el momento no sin antes proporcionarles nuestro nombre y número telefónico haciendo mención que si en algún momento están dispuestos entonces quedas a la orden, recuerda que la vida es una Rueda de la Fortuna y quizá por el momento no sea urgente la operación para los propietarios pero mañana podrían estarte llamando. Por otro lado es mejor así, y no insistir dado que al no existir sentido de urgencia podrían como se dice "darte el avión" y aceptar para posteriormente al conseguir un prospecto te dejen plantado o en su defecto te digan simple y sencillamente "que siempre ya no" lo que daña en sí tu imagen en los inicios del proyecto mismo, recordando que mucho de este negocio es la recomendación que se va dando de boca en boca.

Ahora bien, ya teniendo depurada la lista inicial referente a aquellas propiedades en las cuales se te acreditaría una comisión por la operación concretada debes crear una lista, de preferencia mediante una hoja de cálculo como Excel con la finalidad de poder filtrar lo que los posibles clientes vayan solicitando de manera rápida y eficiente, considerando además que estamos iniciando en tu misma colonia y por lo tanto la lista estará creciendo de manera gradual.

A continuación presento un ejemplo de cómo recomiendo que tengas la lista en la hoja de cálculo mediante las siguientes imágenes:

Y colocando filtro para búsqueda

IV. Darme a conocer de manera general

Nos encontramos en un punto crucial del negocio, ya iniciado, en el cual la velocidad de respuesta de tu parte en este momento es y será un factor determinante para alcanzar el objetivo deseado ¿Por qué? Porque ya hemos contactado a propietarios e inmobiliarias que están dispuestos a compartir una rebanada de pastel con nosotros y la credibilidad tomará un papel principal a partir de este momento, lo cual dependerá por completo de ti en base a la estrategia.

Si pasa una semana, a semana y media, sin que volvamos a ponernos en contacto con aquellos propietarios e inmobiliarias entonces para posteriores oportunidades de negocio de la misma índole con ellos mismos correremos el riesgo de ya no ser tomados en cuenta, recuerda que este negocio es de acción y no solamente de "bla-bla-bla", es decir, de hablar.

En esta tercera parte la velocidad de acción de nuestra parte es vital, tanto para iniciarla como para terminarla dado que conlleva a dos finalidades:

- Por un lado darnos a conocer y
- Por otra el promover las propiedades.

Llamado a la acción inmediata

FASE I

Si has seguido la estrategia al pie de la letra entonces recordarás:

- I. Elementos Indispensables,
    - Inciso C) Cuentas Básicas Informáticas
        - Punto 3. Crear Página en Facebook

En donde indicaba la importancia de crear la página de Facebook solamente al momento de avanzar con el Inventario, espero que hayas preparado la página en tiempo y forma porque ha llegado el momento de abrirla (recuerdo que puedes apoyarte en el Anexo I. Crear página de negocio en Facebook para tal efecto).

Una regla de negocio indica que una ¡Excelente exhibición vende por sí sola! y en internet se aplica la misma regla. No lo olvides, de tal manera que las publicaciones deben no ser tan solo buenas, deben ser **¡Excelentes!**

Ahora bien, con base a la lista obtenida (tu base de datos en la hoja de cálculo o cuaderno dado el caso) tendrás que subir las publicaciones en tu página de Facebook, por separado una por una, no cometas el error de subir una publicación con todo el inventario ¿por qué? porque con una corta publicación además de ser indexada más fácilmente en los buscadores también lograrás que la información publicada sea leída por los interesados que una muy larga.

Es <u>sumamente importante</u> (y ten en cuenta que lo subrayo) que al principio de cada publicación debes ocupar lo que se llama "keywords" o "palabras claves" las cuales tienen el propósito o finalidad de posicionar tus publicaciones en las primeras posiciones de búsqueda, son en sí las palabras más relevantes, las más buscadas. Para evitar que tengas que buscar o investigar por tu cuenta lo explico de manera concreta a continuación.

Al momento de pensar en publicar la venta de una propiedad, por ejemplo, ubicada en la colonia Narvarte en la capital de la ciudad de México, con domicilio en la calle "x" número "y" con código postal "z" podrías pensar hacer lo siguiente:

(A) "Se vende casa en la calle "x", colonia Narvarte dentro de la ciudad de México con código postal "z"..."

Lo cual es una pérdida de tiempo realmente, dado que, si acaso una persona ingresará a Google y pondrá:

"casa en venta en la calle "x", colonia Narvarte dentro de la ciudad de México con código postal "z""

Lo más factible es hacer lo siguiente, pensar como el interesado:

(B) "casas en venta en colonia Narvarte DF ubicada en calle "x" CP "z"" de esta forma estamos ampliando el campo de acción de la consulta con las primeras palabras "casas en venta" y reforzando al especificar "colonia Narvarte", de tal manera que los interesados en comprar una casa al entrar al buscador lo primero que harán es anteponer las primeras keywords "casas en venta" lo que te dará ventaja sobre aquellos que hayan colocado lo indicado en el punto (A) lo que implica mayores visitas a tu publicación lo que a su vez resulta en recibir más llamadas de prospectos lo que aumenta las posibilidades de concretar el negocio mismo.

Por lo tanto, reiterando, debes iniciar cada una de las publicaciones con las keywords que ayuden a ampliar el campo de acción, siempre en plural:

- "casas en venta…"
- "departamentos en venta…"
- "casas en renta…"
- "departamentos en renta…"
- "locales en venta…"
- "locales en renta…"

Y posteriormente reforzar especificando la colonia:

- "casas en venta en colonia Narvarte"
- "departamentos en venta en colonia Narvarte"
- "casas en renta en colonia Narvarte"
- "departamentos en renta en colonia Narvarte"
- "locales en venta en colonia Narvarte"
- "locales en renta en colonia Narvarte"

Cabe señalar que el código postal en las publicaciones es prácticamente irrelevante por experiencia propia, de tal manera que recomiendo lo omitas.

Importante:

Ahora bien, siguiendo con la manera de crear la publicación, la calle no es necesaria y mucho menos recomendable que la menciones considerando que es claro el por qué y se debe simple y sencillamente a que estarías "trabajando en balde" como se dice, dando tan solo publicidad gratuita ya sea a los propietarios o a las inmobiliarias dado que los interesados podrían pensar en acudir directamente al domicilio señalado "para ver" el inmueble o ver la propiedad en google maps y ¿qué crees? pues ahí encontrarán el teléfono de contacto ya sea del propietario o de la inmobiliaria y si les gusta, obvio llamarán y ¡bien gracias! adiós al negocio con esa propiedad.

De tal manera que lo que sigue al estar publicando son un par de variantes:

- En el caso de venta y de aceptarse créditos, las keywords "a crédito", estas dos simples palabras hacen maravillas en la red
- Si la propiedad no requiere remodelación o reparación alguna, colocar las keywords "en buen estado" o "en excelentes condiciones"

Por lo tanto, como ejemplos las publicaciones tomarán el siguiente esquema:

- "casas en venta en colonia Narvarte a crédito..."
- "departamentos en venta en colonia Narvarte en buen estado..."
- "casas en renta en colonia Narvarte en excelentes condiciones"

Posteriormente ya definido el inicio de las publicaciones, considerando lo anteriormente expuesto, es necesario el indicar la mayor información posible y de manera continua sobre la propiedad tal como:

- Número de recámaras y si cuentan con closets
- Número de baños completos y medios baños
- Si cuenta con cocina y si esta es integral
- Si cuenta con sala y comedor
- Si cuenta con jardín y cuarto de servicio

Por ejemplo:

- "casas en venta en colonia Narvarte a crédito cuenta con 3 recámaras, 2 baños, sala, comedor, cocina integral y vigilancia las 24 hrs."
- "departamentos en venta en colonia Narvarte en buen estado presenta 2 recámaras, cocina, 1 baño, sala, comedor"

Nos aproximamos al término de la publicación y es en donde radica el dejar o más bien dicho provocar el interés al posible cliente haciendo una mención alusiva al precio contemplando ciertos aspectos:

- Si la propiedad presenta un precio por debajo del promedio de la zona, quizá por una urgencia de los propietarios, lo debes mencionar mediante una keyword que aumente la visibilidad, por ejemplo: "...barata a tan solo xxxxxx aproveche" o "...el mejor precio de xxxxxx gran oportunidad"
- Si la propiedad no presenta un precio especial o por debajo del promedio de la zona debes tan solo mencionar: "...excelente precio" o "...a un súper precio"

Para dar término a la publicación tienes que indicar el número de contacto de tu Smartphone:

- "... para conocerla o más información al respecto llama al XXXXXXXX"
- "... para concertar una cita llama al XXXXXXXXX"

Obteniendo una publicación de calidad de manera estructurada quedaría de la siguiente manera por ejemplo:

- "casas en venta en colonia Narvarte a crédito cuenta con 3 recámaras, 2 baños, sala, comedor, cocina integral y vigilancia las 24 hrs. barata a tan solo xxxxxxxx para conocerla o más información al respecto llama al XXXXXXXX"
- "departamentos en venta en colonia Narvarte en buen estado presenta 2 recámaras, cocina, 1 baño, sala, comedor excelente precio para concertar una cita llama al XXXXXXXXX"

Y por último, no sin antes solicitar permiso a los propietarios o inmobiliarias de poder mostrar imágenes de la propiedad al o a los interesados, agregar a la publicación las imágenes correspondientes que en la mayoría de los casos los mismos propietarios o inmobiliarias facilitan, recuerda que muchos estarán interesados en trabajar contigo, dado que en el mundo de Bienes Raíces alto porcentaje de las operaciones se lleva a cabo de esta manera considerando que a mayor promoción de la propiedad mayor será la posibilidad de concretar una operación.

FASE II

En esta fase el llamado a la acción es darte a conocer de manera física. En la FASE I ya lo hicimos de manera virtual lo que significa que tu negocio, tu oferta llegará a cierto número de personas de manera regionalizada prácticamente aún mientras duermes y tarde o temprano comenzarás a recibir llamadas de interesados al respecto, sin embargo debes reforzarlo a nivel físico lo que significa que debes darte a conocer en tu propio entorno para que de esta manera recibas recomendaciones, es decir, se transmita a lo que te dedicas como se conoce: de boca en boca.

Por lo tanto en esta segunda fase debes siempre tener contigo tus tarjetas de presentación bajo las características mencionadas en:

- I. Elementos Indispensables,
    - D) Tarjetas de Presentación

Y, no tan solo tenerlas contigo, entregarlas a cada oportunidad posible haciendo una mención como por ejemplo:

"Me dedico a los Bienes Raíces, si en algún momento requieres o conoces a alguien que así lo necesite agradeceré me tomes en cuenta"

La oportunidad para entregarlas siempre está latente y depende de ti mismo el aprovecharla o no, ya sea en una junta en la escuela de los hijos, en una reunión con amistades, al conocer a una persona en la fila del banco, al encargado o dueño de la tienda de la esquina, etc.

Para ello ya debes estar aplicando lo indicado en:

- I. Elementos Indispensables,
    - E) Buen aspecto personal

Recuerda que "Como te ven te tratan" y el transmitir seguridad entra en este punto por completo, de tal manera que debes cuidar a cada momento el aspecto personal dado que la oportunidad no llama a la puerta dos veces y debes estar preparado siempre.

Observación sobre el Inventario:

El inventario es y será "el pan de cada día". Para todo negocio el inventario es la columna vertebral considerando que si no se tiene que ofrecer entonces no existe posibilidad alguna de hacer negocio.

Una regla que desde este momento debes tener en cuenta es: "Si no te encuentras atendiendo llamadas de posibles clientes o atendiendo citas o concretando operaciones, es tu deber el estar consiguiendo inventario" y solamente lo incrementarás hasta este momento con base a lo explicado mediante los pasos indicados en *III. El Inventario. Su creación*

Para dar inicio a la obtención de inventario recomendé el comenzar por tu propia colonia lo cual no fue por un capricho de mi parte, más bien fue para evitarte el error que cometí al iniciar en el negocio, dado que como se dice "el que mucho abarca poco aprieta" y por la ansiedad o la desesperación, como quieras llamarle, de obtener ingresos lo más rápidamente posible comencé a recorrer diversas zonas, colonias más allá de las cercanas a donde me encontraba y sorpresa número uno:

Pues me encontraba en unos de mis recorridos en una colonia alejada cuando recibo una llamada de una persona interesada en ver un local con la finalidad de poner una estética de manera urgente a lo cual accedí poniéndome en contacto con la inmobiliaria correspondiente para acudir a la cita en cuarenta y cinco minutos, como en ese entonces no contaba con automóvil, ni con dinero en sí en la bolsa para tomar el autobús y mucho menos un taxi, tuve que ir prácticamente corriendo a la cita la cual se encontraba a unas largas veinte cuadras de distancia y eso no fue todo siendo que próximo a llegar me encuentro con la sorpresa número dos, durante mi caminata (que parecía excursión) recibo una segunda llamada de un interesado en conocer un departamento en renta mencionando que necesitaba cambiarse lo más pronto posible por una situación que me externó mientras me encontraba corriendo hacia la cita, el departamento se encontraba ubicado... ¿en dónde crees? precisamente en la colonia donde vivía (a unos sesenta minutos de distancia a pie desde el punto en donde me encontraba)... bueno, podrás concluir como lucía mi aspecto cuando llegué a la cita después de prácticamente correr veinte cuadras y como quedé con el interesado en el departamento.

Por eso mismo, recomiendo que si no cuentas con la disponibilidad de un auto o los recursos necesarios para un taxi al comenzar en el negocio de Bienes Raíces entonces lo mejor es comenzar por la propia colonia y posteriormente avanzar de manera gradual a la colonia más cercana y ya una vez mediante las operaciones que se vayan concretando adquiere un automóvil y abarca más.

Lo importante es que recuerdes que si no estás atendiendo una llamada, acudiendo a una cita o cerrando una operación entonces debes estar CONSIGUIENDO INVENTARIO, considerando en principio y como recomendación la propia Colonia donde vives y posteriormente las Colonias cercanas una a una.

V. Conocer al Contacto. Mostrar la propiedad

Creerlo o no esto es esencial y en cierta forma un "arte". El conocer al interesado por una propiedad presenta dos vertientes:

1. El que sabe lo que busca
2. El que busca que le ofrezcas

En el primer caso y con toda seguridad recibirás una llamada de una persona que ha visto una de tus publicaciones en Internet claro está y desea información al respecto, de tal manera que deberás tener, de preferencia, en mente la información correspondiente o en su caso la deberás tener a la mano para proporcionar un servicio de calidad en tiempo y forma. Este caso no presenta mayor inconveniente en primera instancia considerando que tan solo con estar bien preparado para dar respuesta a sus preguntas se tiene avanzado un gran trecho, dado que por experiencia, el interesado contactará tanto para conocer si se encuentra disponible el inmueble así como para corroborar la información que ya vio en algún momento en Facebook (en tu página) lo que implica una cita con toda seguridad y alta probabilidad de concretar una operación.

En el segundo caso el interesado llama por lo regular por recomendación (la magia de las tarjetas de presentación o bien porque visitó tu página y desea conocer alternativas a lo que busca) de tal manera que preguntará si de casualidad tienes alguna propiedad en venta o renta en una zona determinada a lo cual debes tener en mente un mapeo de tu inventario o dado el caso tener a la mano tu lista (base de datos) para tal efecto.

Lo más profesional para otorgar el servicio que se merece es hacerle unas preguntas con la finalidad de ofrecerle la opción que más se acople a sus necesidades, para ello lo recomendable es mencionar lo siguiente:

"Antes de proseguir le agradezco la oportunidad de poder servirle y para poder ofrecerle las mejores opciones en base a sus necesidades le pido me indique si busca comprar o rentar ya sea una casa o

departamento así como el presupuesto que tiene considerado para la compra o renta dado el caso de la propiedad"

En base a la respuesta que proporcione el interesado podremos determinar en base a nuestro inventario las más acordes a lo solicitado, en muchas ocasiones el mismo interesado nos indicará cuantas recámaras requiere así como si necesita estacionamiento y en el caso de compra nos mencionará por sí solo si desea ocupar un crédito. Ya con esto se entablará una comunicación viable entre los dos en donde la propia labor será el determinar una propuesta lo más cercana a lo que el interesado desea dado el caso que no se cuente de forma exacta con su petición.

Mostrar la Propiedad

Ahora bien, prosigue el dar a conocer al interesado la propiedad, ya sea para compra o para renta, y esto es a través de la inmobiliaria o del mismo propietario ¿Por qué? bueno, simple y sencillamente porque son los que tienen las llaves de la propiedad en esos momentos.

En este punto entran en juego diversos aspectos siendo los siguientes:

1. Hasta el momento y lo más probables es que solamente hayas tenido contacto telefónico con las inmobiliarias o propietarios y es momento de conocerse en persona
2. De igual manera, el contacto con el interesado ha sido solamente vía telefónica de tal manera que llegó el momento de conocerse
3. Quizá hasta momento solo has conocido la propiedad (lo más seguro al igual que el cliente) por las imágenes de tu propia página

de facebook y ha llegado el momento de conocerla

Bueno pues, es de suma importancia en el caso del punto tres (ojo, lo tomo como primer punto) que al momento de ingresar a la propiedad no debes mostrar emociones de asombro o sorpresa ya sea por lo bonito del lugar o por ciertos desperfectos que dieran a lugar considerando que el mismo interesado podría reaccionar de igual manera y se percatará claramente en primer lugar que no conocías la propiedad físicamente y dos que quizá eres nuevo en esto y que puedo decir sobre el propietario en cuanto a lo que pasará por su mente en esos momentos ¿tú con quién harías negocio, con alguien que no sabe lo que ofrece y aparte es nuevo o con alguien sólido que sabe lo que ofrece? Considero que la respuesta es obvia y esto es lo que la mayoría de las inmobiliarias con experiencia detectan y toman como punto a favor para entablar conversación directa con el interesado, de tal manera que como dicho: Debes controlar las emociones, controlar tus expresiones, como mencionado en su momento en el punto

- I. Elementos Indispensables,
  - E) Buen aspecto personal

Nota de Valor: Te preguntarás en este preciso momento "y ¿no es mejor conocer previamente el inmueble antes de llevar al prospecto?", lo ideal es que la conozcas antes que como mencionado anteriormente: es mejor el conocer lo que se ofrece por completo sea el producto o servicio que sea, el saber las fortalezas y debilidades del producto o servicio mismo ya sea para incrementar el interés a la compra o bien para estar preparado para las objeciones que surjan por parte del prospecto, de tal manera que sí, si es recomendable el que conozcas el inmueble antes de llevar al prospecto, tu habilidad de negociación inicial tanto con la inmobiliaria o con el propietario dado el caso es la que determinará este punto considerando que al momento de que ya sea la inmobiliaria o el propietario mismo acepten tu propuesta para llevar a un prospecto y otorgarte una comisión si llega a realizarse la operación de compra o renta puedes solicitar una cita previa con la finalidad de que tú la conozcas y puedas darle más información al prospecto antes de llevarlo o bien que te indiquen tanto las fortalezas del inmueble así como las debilidades del mismo, como por ejemplo ciertos desperfectos que presente.

Otra opción que se puede llevar a cabo es que al momento de que tengas listo tu **INVENTARIO PROSPECTO** (*visto en el tema III.*) llames a los números telefónicos y no basado en la estrategia indicada con anterioridad sino más bien para solicitar una cita para conocer el inmueble, esto también es factible. Al finalizar el recorrido del inmueble será entonces cuando podrás exponer lo indicado referente a presentarte (lleva siempre contigo tarjetas de presentación para dar seriedad, es muy importante el estar preparado a cada momento) y mencionar la propuesta de llevar a un prospecto que tienes con la finalidad de obtener una comisión.

Con lo anterior te adelantas a dos cosas:

- Conoces personalmente al propietario o a la inmobiliaria y viceversa
- Conoces el inmueble así como sus fortalezas y debilidades, dado que estando ahí y durante el recorrido puedes preguntar sobre las dudas que te vayan surgiendo

Ahora bien, dada mi humilde experiencia puedo decir:

> En ocasiones surge que ya sea el propietario o la inmobiliaria al final pueden decir algo así como "de haber sabido no pierdo mi tiempo, no trabajamos con intermediarios o comisionistas" lo que puede ser un golpe emocional para ti sobre todo al comienzo (depende mucho de tu capacidad "a la frustración" y en esa primera cita decidas dejar todo de lado y ponerte a llorar bajo la cama o bien hacer oídos sordos y continuar)
> El costo del traslado al inmueble tanto en dinero como en tiempo para obtener la respuesta anterior no es viable claro está.

De tal manera que para iniciar te expuse la estrategia de llamar ya sea al propietario o la inmobiliaria y mencionar la finalidad misma antes de concertar una cita, pero bien la decisión de llevar a cabo ya sea llamada o el concertar una cita ahora es solo tuya.

Dicha la recomendación anteriormente expuesta, y de no haber conocido previamente el inmueble, lo que prosigue una vez acordada la cita con el interesado para conocer la vivienda... ¿será necesario el contactar a la inmobiliaria para citar el día y en la hora señalada? por supuesto que NO, lo más prudente de tu parte será citar ya sea al propietario o a la inmobiliaria dado el caso con media hora de anticipación a la cita sin hacer mención que se trata de media hora más tarde.

Esto te servirá para tres aspectos sumamente importantes, siendo:

> Asegurar la cita en tiempo y forma, para otorgarle el servicio que se merece a tu prospecto, es decir, por si surgen

contratiempos por parte ya sea del propietario o de la inmobiliaria para llegar a la cita tendrás un margen de tiempo a favor, recuerda que es tu imagen la que está en juego de cara al prospecto
- ➢ También para que en esos 30 minutos o 20 minutos de anticipación conozcas tanto físicamente al propietario o a la inmobiliaria (intercambien comentarios) y
- ➢ Para que conozcas de manera general la propiedad y el "Efecto Emoción" de tu parte sea minimizado por completo a la llegada del interesado.

Aspectos de Negocio sobre el Interesado

Cuando inicié en el negocio cometí cierto error, parecido al que mencioné en cuanto a la distancia entre las zonas de mi inventario, y fue el hecho de que no todos los "prospectos" son los que se conocen como **prospectos calificados para comprar o rentar una propiedad** y si bien solo te das a la tarea de concertar citas con finalidad de que "alguna a de caer" entonces estarás frente a una piñata como se dice "dando palos de ciego", en otras palabras: "haber si le atino".

EL NEGOCIO INMOBILIARIO, así como muchos otros (si no es que todos me atrevo a asegurar), no se trata de "haber si le atino" o "haber si se da la operación" dando palos de ciego sino que se trata dentro del proceso mismo (de técnicas así como de estar mejorando dichas técnicas a nuestro favor, perfeccionándolas bajo la marcha) de minimizar riegos, de filtrar y llegar a **CONCRETAR OPERACIONES** de manera eficiente considerando tanto dinero como tiempo y esfuerzos, aunado, y como dicho ya en reiteradas ocasiones, este negocio es de credibilidad y tarde o temprano ya sea el propietario o la inmobiliaria te lo hará saber con una mención no muy favorable como por ejemplo: "gracias por avisarme de la cita pero en estos momentos ya no estamos interesados en continuar participando en conjunto con usted" o "mire y con todo respeto, las últimas citas han sido pérdida de tiempo para todos, considerábamos que tenía experiencia al respecto. Muchas gracias" y con esto se daría de baja cierto inventario de nuestra base sin considerar el dinero, el tiempo y esfuerzo invertido y, peor aún, te adentras a la pérdida de credibilidad para tu persona, de tal forma que y para evitar que te enfrentes a este error por el que pasé a continuación menciono lo siguiente:

Por ejemplo, en cada país existen condiciones, requisitos para adquirir una propiedad a crédito, ya sea por medio de instituciones gubernamentales o financieras (bancos), de tal manera que es muy importante el que las conozcas no ha detalle quizá, no es el caso por el momento y si lo es el hacer negocio para ganar dinero, ya más adelante sobre la marcha una vez comenzando a recibir ingresos sustanciales podrás incluso especializarte tomando un diplomado, un curso o seminario sobre el tema lo cual también recomiendo porque nunca se termina de aprender en ningún aspecto de la vida donde incluyo los **Bienes Raíces** y mientras mejor preparado te encuentres más oportunidades se abrirán para ti sobre la competencia quien incluso hasta podría llamarte para una asesoría o consulta al respecto posteriormente, bueno en el caso de México por ejemplo se establece que (a la fecha de la presente publicación):

Requisitos para Comprar una Casa con Crédito Hipotecario Bancario

Puede ser que la casa o departamento que el interesado tiene en mente, que le interesa realmente, presenta un valor mayor al crédito máximo que puede otorgarle el INFONAVIT y se percata de ello al momento de que le mencionas el precio al contactarte y te lo hace saber, si en ese momento tú desconoces acerca de los Créditos Hipotecarios al igual que el interesado esto implica:

- ¡Adiós propiedad! para el interesado y
- ¡Adiós oportunidad de negocio! para ti

Y si posteriormente ese mismo interesado en adquirir una casa contacta a otro agente inmobiliario que conozca del tema y éste último le da la opción de un crédito hipotecario bancario por la diferencia, explicándole todos los aspectos que conlleva y le otorga su apoyo para llevarlo a cabo sobre una de las propiedades de su inventario, bueno sobra decir el resultado tanto para el interesado como para el agente.

En los casos en los que la propiedad presente un precio mayor al crédito máximo otorgado por el INFONAVIT (en este ejemplo) entonces se debe evaluar el valor de la propiedad con la finalidad de tener el dato exacto de la diferencia que le hace falta al interesado, considerando:

- Sus propios recursos
- El propio crédito INFONAVIT
- Un crédito con el banco

Se puede combinar el crédito de INFONAVIT con el del banco, lo que se conoce como COFINAVIT, además se debe considerar que los bancos de manera regular solamente otorgan el 90% sobre el valor de la propiedad.

Recuerda que estás comenzando tu propio **NEGOCIO INMOBILIARIO** y dentro de los servicios que se ofrecen es asesorar al prospecto en diversos aspectos, dándole opciones e incluso y dado el caso (y créelo, si sucede en la vida real) ayudarlo a realizar ciertos trámites lo cual además fortalecerá tu imagen dentro del sector Inmobiliario por la recomendación misma al saber que sabes, que conoces lo que haces, llegando a la Especialización posteriormente y al Reconocimiento que resulta en **CONSOLIDARTE COMO AGENTE INMOBILIARIO**.

De tal manera que es importante, y necesario, el conocer y estarte actualizando respecto a cuánto es lo que puede prestar cada institución y comparar la deuda total a futuro para proporcionarle la opción más adecuada al interesado junto con los requisitos que solicite cada banco para tal efecto, los más comunes son los siguientes:

- Que la propiedad que se quiera comprar esté libre de todo gravamen (no deudas o embargos)
- Que los documentos de la propiedad estén en regla y con pagos vigentes
- Historial crediticio limpio en Buró de Crédito o Círculo de Crédito
- Edad usual entre 25 y 65 años
- Ingresos mínimos comprobables de entre $10,000 y $15,000 mensuales
- De 2 a 3 años de antigüedad en la ocupación si se es empresario o trabajador independiente
- Comprobar ingresos con 6 meses mediante estados bancarios si se es empresario o trabajador independiente
- De 2 a 3 años de antigüedad entre el empleo anterior y el actual
- Comprobar ingresos con recibos de nómina si se es trabajador
- Tener un aval con propiedad sin adeudos

Si el interesado se encuentra casado o vive en concubinato comprobable y ambos perciben ingresos, puede recibir un mayor monto de préstamo ya que los ingresos de ambos son considerados para otorgarles un crédito mayor. Te recomiendo que revises las calculadoras financieras o acudas a múltiples bancos para comparar créditos, tasas de interés y requisitos.

Como puedes ver y en base a lo anteriormente mencionado, existen diversas opciones para adquirir una propiedad que quizá no conocías y que muchos no conocen. El desconocimiento o la falta de preparación en todo tipo de negocio se convierte tarde o temprano en sinónimo de fracaso, por lo mismo vuelvo a insistir que de manera gradual vayas aprendiendo, estudiando todo tipo de aspectos y variables que se presenten día con día; por ejemplo, si un interesado al llamarte por teléfono te pregunta por opciones de crédito y no las conoces entonces en ninguno de los casos debes decir que no lo sabes o que no los manejas, *la negatividad misma será para ti mismo tarde o temprano*, en cambio debemos mencionar, con tus propias palabras, que por favor te deje sus datos y que te comunicarás sin falta más tarde dado que por el momento estás entrando a una cita para mostrar un inmueble y quieres darle la atención debida y que se merece lo cual entenderá e incluso lo agradecerá y por tu parte darte a la tarea de investigar de inmediato tanto las opciones de crédito como los requisitos generales que se acoplen a tu inventario y al regresarle la llamada y hacérselo saber quedará un buen sabor de boca para ambos en principio y aprendizaje para ti.

Ahora bien, y como mencionado en un momento dentro del presente libro:

"*Si no cuentas con todos los conocimientos sobre un tema que necesitas o te interesa, entonces lo que debes hacer es aprender y copiar a los grandes, a quienes sí los tienen... Busca qué fue lo que hicieron y cómo lo hicieron para llegar a su meta y sigue sus pasos, y cuando estés arriba debes perfeccionarlos".*

Lo que bien encaja a la perfección con el tema; considera que la mayoría de las inmobiliarias ya han recorrido un largo trecho pudiendo ser que agentes que trabajaron dentro de una inmobiliaria años atrás y viendo el éxito al respecto esperaron a adquirir más conocimientos, experiencia, capacitaciones para posteriormente establecer su propia marca inmobiliaria de tal manera que cuentan ya con amplia experiencia además de, en muchos casos, no solamente a nivel local sino a nivel nacional incluso.

De tal manera que aquellas inmobiliarias de reciente creación se encuentran conformadas, en su mayoría, por agentes inmobiliarios que ya han pasado por diversas etapas en su desarrollo y que su propósito al igual que el tuyo es: **¡HACER NEGOCIO, GANAR DINERO!**

Por tanto, volvemos al comienzo, muchas inmobiliarias sobre todo las de reciente creación estarán dispuestas a otorgarte un porcentaje de participación ¿Por qué? volvemos a lo mismo, porque ya con la experiencia en el negocio de Bienes Raíces se llega a la conclusión y acción de que para el éxito en este fascinante negocio un factor primordial por mucho es el "Compartir parte del pastel", más adelante en el *Anexo III. La Participación, veamos números* hablaré sobre cantidades y números sobre la participación que regularmente se maneja en el sector Inmobiliario y que todos los que tienen experiencia en el tema conocen, claro está.

Lo que implica que, así como están dispuestos a compartir un porcentaje de participación de igual manera también estarán dispuestos a proporcionarte información sobre el tipo de créditos que manejan ya sea para una vivienda en particular (de las que encontraste en la zona de acción y están dentro de tu inventario) como de manera general y lo mismo respecto a los requisitos necesarios que ocupan para la renta de una propiedad. Recuerda el conocimiento, la información es poder y en el medio Inmobiliario esto se sabe por completo.

Por esta razón posteriormente al ya haber incluido la propiedad en tu inventario en base a la estrategia vista hasta el momento para tal efecto (en un momento dentro del presente libro hice mención a que no se debe dejar pasar de una semana a semana y media sin contacto con la inmobiliaria o propietario ¿lo recuerdas? Bien) ahora lo que sigue es

Llamado a la Acción

Si en el lapso de tiempo de una semana siguiendo los pasos indicados en la estrategia no has recibido llamada o mensaje de un interesado sobre una de las propiedades entonces debes "dar la cara" y llamar de nuevo al propietario o a la inmobiliaria dado el caso haciendo mención que la persona no te ha contactado, no obstante que has tenido otras personas interesadas sobre la propiedad, en el caso de compra, por medio de crédito y por ello quieres saber o que te indiquen cuales son los créditos que aceptan así como los requisitos para tal efecto. En el pedir está el dar y con toda seguridad recibirás la información.

En el *Tema III. El Inventario. Su creación*, hice referencia al respeto y quise hacer énfasis en este punto por la importancia que merece. Si bien puedes solicitar esta información desde el inicio al contactar, dada la estrategia, al propietario o inmobiliaria también lo puedes llevar a cabo mediante lo señalado en el "Llamado a la Acción" anterior, como sugerencia puedes ocupar ambas opciones de manera intercalada considerando siempre el agendar, en el caso de esta última opción, el día en el cual deberás ponerte en contacto nuevamente con el propietario o la inmobiliaria dado el caso, que como dicho no debe pasar de una semana y media.

Con lo que respecta a la renta también se consideran ciertos lineamientos de manera general con la finalidad de garantizar al arrendador seguridad en la operación lo que a su vez se traduce en hacer valer nuestro trabajo, nuestro negocio y esto queda completamente claro al momento de contactar por primera vez a un propietario (ojo, no a una inmobiliaria dado que ya habrá realizado su labor de presentación y propuesta de sus servicios) al mencionarle lo siguiente, que en sí solamente se trata de una variante a lo indicado en el *Tema III. El Inventario. Su creación*:

"Vi que la propiedad ubicada en _____ que está en renta, soy agente inmobiliario y tengo una persona interesada al respecto, quiero preguntar si aún está disponible"

En este punto se está dando pauta a la comunicación con el propietario, recuerda que estamos hablando con el propietario y no con una inmobiliaria, y la respuesta que regularmente se obtiene es:

"Por supuesto que sí mi nombre es _____, si gusta conocerla con todo gusto estoy para servirle"

Llega el momento de presentarnos y de aplicar el complemento:

"Perfecto Sr(a). _____, me encuentro completamente interesado(a) al respecto, mi nombre es _____ y como dicho tengo una persona interesada

en rentar su propiedad, soy agente inmobiliario en red con el sector de Bienes Raíces por tanto al ver su propiedad en renta no dude en recomendarla y ya tenemos un interesado realmente... entonces si me lo permite hablaré con él"

Aquí habrá diversas respuestas, la más viable con enfoque al negocio mismo que he tenido de manera regular es:

"Ok, me parece bien, que le parece el día ____ o bien usted dígame puede acudir con la persona, por favor"

La respuesta de nuestra parte será, por ejemplo:

"Perfecto, le llamaré a mi contacto y le regresaré la llamada en cuanto reciba respuesta de su parte"

"Me parece bien, así quedamos"

Llega el momento de negociar, de tal manera que llegamos al punto de decir:

"Por cierto, cabe señalar que los prospectos que presento cumplen con las características necesarias para que no corra riesgos en su patrimonio, es decir, ya los evalué previamente respecto a:

- o Presentan permanencia en su trabajo, comprobada mediante recibos de nómina o estados de cuenta bancarios lo que a su vez implica solvencia
- o Dos referencias personales
- o Están dispuestos a proporcionar un aval garantizando de esta manera el pago oportuno de la renta así como cualquier desperfecto ocasionado que diera a lugar

¿Qué le parece Sr(a) ____?"

El propietario regularmente responde:

"Perfecto, es lo que quiero: Seguridad y no meter a cualquiera en mi propiedad"

Y viene el toque y esperado final de nuestra parte:

"¡Oh! por cierto Sr(a) _____, si le presento a la persona interesada y se concreta la operación como dicho de manera garantizada ¿qué comisión me participa?... Regularmente por mi servicio solicito lo correspondiente a una renta o en otras palabras al depósito en renta"

De esta manera se lleva a cabo la negociación con el propietario y solo basta ponerse a trabajar dando seguimiento puntual a la estrategia misma.

Ahora bien, el ejemplo bajo experiencia propia, incluye la mención sobre ciertos "requisitos" necesarios que debe cumplir el posible arrendador que, como dicho, varía en base al país en el que te encuentres, pero son necesarias y las inmobiliarias con experiencia lo saben y las conocen, de tal manera que al igual que para el caso de "Compra" de una propiedad cuando sea referente a una "Renta" deberás solicitar a la inmobiliaria los requisitos que piden para tal efecto lo que por una parte te dará el conocimiento además de que tú mismo podrás calificar a los interesados una vez que te llamen (de esta manera irás "más a la segura" como se dice) y podrás mencionarlo cuando hables directamente con los propietarios.

De tal manera que cada vez que recibas una llamada de un interesado ya sea para **Comprar** o **Rentar** una de las propiedades de tu inventario tienes la obligación, por conveniencia propia, posteriormente al presentarte y de darle la información correspondiente (al precio y demás) él darle a conocer los requisitos necesarios para llevar a cabo la operación siendo que en algunos casos por ejemplo en lo referente a las rentas te dirán que no cuentan con aval a lo cual tendrás que responder que es un requisito y entrará ya en escena tu capacidad de hacerle ver que es un beneficio mutuo no obstante que si desea conocer la propiedad estás a su órdenes con la finalidad de sembrarle la "semilla" del deseo o bien el ofrecerle una "Póliza Arrendador" que se maneja en México cuando no se cuenta con una Aval y es en sí una protección para el propietario del inmueble de presentarse problemas de pago así como de desperfectos dentro de la vivienda, siendo la persona que va a rentar quien paga la póliza mencionada. No lo olvides.

VI. UN RESUMEN

Bueno, respecto a la estrategia a seguir hasta este momento hemos visto:

I. Elementos Indispensables

A) Smartphone
B) Notebook (de preferencia) o una PC (dado el caso un buen lápiz y cuaderno)
C) Cuentas Básicas Informáticas
D) Tarjetas de Presentación
E) Buen aspecto personal

II. El Inventario. Su creación

A) Comenzar recorridos para conformar INVENTARIO PROSPECTO por la colonia donde se está viviendo
B) Contactar a Propietarios o Inmobiliarias
C) Conformar el propio inventario
D) Ampliar las zonas de manera gradual

III. Darme a conocer de manera general

A) Publicar Inventario en Página de Facebook
B) Entregar tarjetas de presentación
C) Tener en mente: "Si no te encuentras atendiendo llamadas de posibles clientes o atendiendo citas o concretando operaciones, es tu deber el estar consiguiendo inventario"

IV. Conocer al Contacto

El que sabe lo que busca

A) El que busca que le ofrezcas
B) Aspectos del Negocio, conocimiento es poder
C) Exponer los requisitos para, dado el caso, concretar la operación
D) Mostrar la propiedad

Como podemos ver, y si has seguido los pasos de la estrategia hasta este momento entonces ya tienes que tener mucho avance al respecto en tu trabajo, en tu propio negocio; tal como se puede apreciar en el resumen anterior: "Tienes mucho, mucho que hacer día con día". <u>Debes recordar a cada momento el motor, el "algo" que te impulsó a dar paso en primer lugar a adquirir el presente libro lo cual fue para una finalidad y es "GANAR DINERO", tener ingresos que proporcionen estabilidad y calidad de vida y salir de la adversidad o crear un negocio redituable por completo.</u>

Prosiguiendo con la estrategia,

VII. Concretar la operación

Llegamos al punto en el que posteriormente mediante el esfuerzo y dedicación que has puesto en el negocio mismo, te encuentras ya en la propiedad, de cara al interesado y al propietario o inmobiliaria dado el caso, y la operación está por definirse.

Ahora bien, tal como lo he sido hasta el momento y lo seguiré siendo te digo de manera sincera, y bajo experiencia, que por lo regular no a la primera visita se logra afianzar la operación, considera que, tal como mencionado en algún momento, entra en juego la estadística, en el sentido que **mientras más prospectos calificados para comprar o rentar una propiedad tengas más probabilidades de concretar tendrás**.

De tal manera que, podrás escuchar de parte del interesado frases como:

- *"Ok, lo pensaré y me pondré en contacto"*
- *"Me parece bien, solamente tengo que platicar con mi pareja"*
- *"Me gusta mucho, realmente me interesa, solamente debo conseguir el aval"*
- *"Bueno, solo necesito tiempo para juntar la renta y el depósito, pero si me gusta"*

Para este tipo de frases no queda más que decir:

"Perfecto, hasta el momento ha sido un placer atenderlo Sr(a) _____, estaremos en contacto, esperaré su llamada y créame es una excelente oportunidad"

Pero para ti no termina solamente hasta aquí, no debes solamente tener esperanza en que el interesado te llamará tarde o temprano para concretar la operación, el "juego" sigue y por lo tanto deberás seguir atendiendo llamadas y siguiendo la estrategia misma sobre la propiedad, considera que quizá te llame en unos días y ¡Perfecto! se concreta la operación y por ende dinero a la bolsa, pero también quizá ya no llame, para ello debes agendar el regalarle una llamada al interesado en unos días siendo lo más recomendable en un lapso de dos días posteriores a la cita y mencionarle:

"Que tal Sr(a) ____, soy ____, disculpe mi atrevimiento, solamente quería conocer su respuesta ante la propiedad en cuestión dado que se ha presentado una persona con interés en ella y consideré ético el llamarle con la finalidad de brindarle prioridad a usted"

En ese momento estarás "forzando" a un **Sí** o a un **No**, lo cual es lo mejor, considera que por un lado sales de la incertidumbre sobre él "espero que quizá sí se haga" y de igual manera también en algunos casos te dirán que ya no la muestres, que les des un par de días para cerrar el trato, de tal manera que en cierta forma en ambos casos sales ganando.

Ahora bien, llegando al punto de que el interesado diga las palabras mágicas:

"Acepto, donde firmo"

Entonces se tiene que proceder a la firma de documentos correspondientes que afiancen la operación, en los cuales se establece que el interesado comprará o rentará la propiedad en cuestión, regularmente cuando estás iniciando desconoces que tipo de documentos se deben dar a firmar al interesado o más bien ya nombrado CLIENTE.

Las inmobiliarias manejan, cada una de ellas, sus respectivos formatos (son realmente similares entre sí) y los estarás conociendo sobre la marcha, por lo tanto no debes preocuparte al respecto, no obstante en el *Anexo IV. Formatos prediseñados*, encontrarás uno tanto para la compra y otro en cuanto a la renta se refieren para que, como se dice, "no te agarren en curva" y conozcas al respecto así como también los puedas ocupar en dado caso que la primera operación que lleves a cabo sea por medio de trato directo con el propietario.

Ahora bien, lo más esperado,

VIII. El INGRESO mismo de la operación

Una vez concretada la operación, siguiendo la estrategia, solo falta el último esperado paso y es el que recibas los frutos de tu esfuerzo y dedicación en el trayecto.

El momento en el cual recibiremos lo correspondiente al porcentaje de participación por nuestra labor, por lo regular es bajo previo común acuerdo desde el inicio (cuando nos comunicamos con el propietario o la inmobiliaria, tema ya visto), no obstante es siempre un tema de desconfianza para uno mismo cuando se inicia en el negocio el que la contraparte, llegado el momento, cumpla el trato y no salga con pretextos.

De tal manera que, para evitar el sentir tal desconfianza, que se traduce en "temor" lo que llega en ocasiones hasta cierto punto a provocar desenfoque de nuestra actividad diaria, existe la posibilidad del llenado desde un inicio de un formato de común acuerdo entre ya sea el propietario o la inmobiliaria y nosotros mismos, es una herramienta comúnmente utilizada en el medio para tal fin.

En tal formato se debe establecer en líneas lo siguiente:

"Carta de Aceptación del Servicio Profesional"

Con esto tenemos un documento que en cierta forma nos ampara de no respetarse el acuerdo, lo que se traduce en sentirnos con seguridad en la operación.

En dado caso y dependiendo del país en el que te encuentres puedes acercarte a una persona de leyes que te asesore al respecto y de esta manera la seguridad en la operación sea completa para ti.

Ahora bien, normalmente lo mejor es el negociar directamente con los propietarios de los inmuebles claro está, de esta manera además de que "la rebanada de pastel es más grande" también se consigue que, una vez aceptado nuestro servicio, el llevar a cabo la firma del acuerdo entre ambas partes prácticamente se dé por sí solo.

Sin embargo, para llegar a este punto de negociar únicamente y de manera directa con los propietarios es recomendable en principio el dar inicio al negocio en base a la estrategia proporcionada en la cual en algunas ocasiones contactarás con inmobiliarias y otras con propietarios ¿por qué manejarlo de esta manera y contactar a inmobiliarias y no solamente a propietarios? porque como se dice: "el aprender tiene un precio" y de esta manera estarás compartiendo porcentajes de participación que se traducen en que estarás "pagando" el precio mismo del aprendizaje inicial. Recuerda que antes de correr se tiene que aprender a caminar.

No olvides que, y como repetido en varias ocasiones:

"Si no cuentas con todos los conocimientos sobre un tema que necesitas o te interesa, entonces lo que debes hacer es aprender y copiar a los grandes, a quienes sí los tienen... Busca qué fue lo que hicieron y cómo lo hicieron para llegar a su meta y sigue sus pasos, y cuando estés arriba debes perfeccionarlos".

El iniciar de esta manera, compartiendo porcentajes de participación con inmobiliarias, es mejor de lo que puedes imaginar porque existe una magia adicional en todo esto independientemente de las ganancias que darán a lugar de manera inicial y es: **LAS RELACIONES OBTENIDAS.**

Como en todo, las relaciones que se tienen en el transcurso del tiempo tarde o temprano juegan un papel fundamental en diversos aspectos de la vida incluyendo los negocios, dado que en algún momento nos pueden recomendar, consultar e incluso proponer la conformación de una sociedad con miras al enfoque mismo de ganar dinero. De tal manera que debemos conducirnos siempre con honestidad y de manera profesional para con todos.

Por esta razón, al comienzo, no debes tomar como una pérdida el compartir comisión con alguien, tienes que ser inteligente al respecto y tomarlo como una inversión a futuro e incluso a corto plazo lo cual dependerá de ti mismo, de tu desenvolvimiento.

Hasta este punto del libro ya cuentas con todos los elementos necesarios para ganar dinero sin lugar a la menor duda, siempre siguiendo la estrategia proporcionada y sé que lo estás haciendo y lo harás, nuevamente recuerda:

"Si no cuentas con todos los conocimientos sobre un tema que necesitas o te interesa, entonces lo que debes hacer es aprender y copiar a los grandes, a quienes sí los tienen... Busca qué fue lo que hicieron y cómo lo hicieron para llegar a su meta y sigue sus pasos, y cuando estés arriba debes perfeccionarlos".

Por último y reiterando:
<u>Debes recordar a cada momento el motor, el "algo" que te impulsó a dar paso en primer lugar a adquirir el presente libro lo cual fue para una finalidad y es "GANAR DINERO", tener ingresos que proporcionen estabilidad y calidad de vida y salir de</u>

la adversidad o crear un negocio redituable por completo.

Una variante a la Estrategia. Subarrendamiento

Una fuente de ingreso adicional la cual genera "ingresos pasivos" (recuerda lo visto en el *CAPITULO III. Ingresos Activos y Pasivos*) es el aprovechar la opción del Subarrendamiento, que en términos técnicos es:

"Se presenta cuando un arrendatario transfiere parte de su tenencia legal a un tercero, en calidad de nuevo inquilino o coinquilino"

De manera más clara, ocupemos la siguiente definición:

"El subarrendamiento se da cuando una persona que figura como arrendatario, en un contrato de alquiler, acuerda con un tercero el uso o disfrute de la instalación arrendada de forma parcial o total, a cambio de un pago mensual. Es decir, otorga en alquiler una instalación ya arrendada"

El uso del Subarrendamiento, bajo experiencia, lo puedes comenzar a ocupar cuando tengas ya un ahorro para tal efecto, dado que será necesario el que tú te conviertas en arrendador (es decir, que tú mismo rentes el inmueble para posteriormente subarrendarlo de manera fraccionada, en base a esta estrategia, como veremos más adelante) por lo tanto tendrás que cubrir la primera renta así como el depósito inicial para posteriormente comenzar a generar ingresos pasivos.

Ahora y como ejemplo tenemos que, al momento de detectar un inmueble en renta dentro de una de nuestras zonas de trabajo y dada la estrategia vista, lo que procede es contactar al propietario (Nota: el subarrendamiento solo aplica para negociación con el propietario única y exclusivamente) siguiendo los pasos vistos dentro del *CAPITULO VI. Estrategia y Acción*, y haciendo hincapié en los beneficios que tendrá de aceptar nuestros servicios, tal como:

1. Contar con prospectos calificados para la renta de manera previa
2. Garantizar el tener cero riesgos por incumplimiento en el pago de la renta así como el cubrir posibles daños que dieran a lugar dentro de su propiedad
3. Hacernos cargo por completo del "papeleo" dado el caso
4. Dar la cara frente al arrendatario para todo tipo de situaciones o trámites (en muchas ocasiones y por cuestiones de seguridad, cabe resaltar, que muchos propietarios prefieren mantenerse incógnitos y tan solo concretarse a recibir el pago correspondiente por la renta - o por la venta dado el caso - de manera periódica)
5. Tener su dinero depositado en su cuenta bancaria en tiempo y forma
6. Hacerle ver que los beneficios son altos en comparación por el "precio" de nuestros servicios (en el *ANEXO III. La participación, veamos números* veremos a detalle lo correspondiente a las comisiones promedio generadas), anticipando que tan solo será lo correspondiente al depósito inicial del cliente, de tal manera que no tendrá que desembolsar de su bolsa absolutamente nada hasta concretar la operación de renta.

Posteriormente al aceptar el propietario nuestros servicios es importante el preguntarle si acepta el "Subarrendamiento", que de no saber de lo que se trata es nuestra obligación el explicarle de manera clara hasta que no quede duda alguna.

Si la respuesta sobre el Subarrendamiento es positiva procedemos a solicitarle un "ligero" margen para nosotros considerando que tanto su depósito como su renta se le darán de manera íntegra y en lo sucesivo tendrá el pago de su renta en tiempo y forma, garantizando además bajo nuestra absoluta responsabilidad todo tipo de desperfecto que diera a lugar incluso bajo contrato. Normalmente el "ligero" margen al que hago mención anteriormente es de un 10% a un 15% de descuento sobre la renta estipulada.

Como recomendación es importante el considerar el aplicar la estrategia de subarrendamiento sobre aquellos inmuebles que cuenten al menos con tres habitaciones y no menos así como la ubicación de los mismos siendo de preferencia cercanos a Universidades.

Si el inmueble cumple con lo mencionado con anterioridad y de aceptar el propietario el Subarrendamiento así como si contamos con el recurso económico para arrendar el inmueble, bueno pues, no se diga más, no dudes y ya tienes un inmueble para generar ingresos pasivos…

¿Qué procede al estar arrendando el inmueble?

Bueno, darnos a la tarea de promover la renta de manera fraccionada, por ejemplo, si el inmueble cuenta con tres habitaciones podemos mencionar en un anuncio: "Se rentan cuartos por la zona "x", Colonia "y" a un excelente precio para estudiantes", esto lo puedes hacer y en base a las posibilidades (por eso mencioné que para el uso de esta estrategia lo más recomendable es llevarla a cabo cuando ya cuentes con un ahorro para tal efecto, ¿recuerdas?) mediante anuncios clasificados en el periódico de mayor circulación de preferencia así como por medio de anuncios clasificados por Internet y claro está dentro de tu propia página de Facebook.

Pasando a ver números, considerando el ejemplo anterior, tenemos:

Si la renta inicial del inmueble es de:	$3,500.00
Y en base a nuestra negociación nos concede el propietario el 15% de descuento, tenemos como descuento:	$525.00
Tenemos que la renta a pagar al propietario será de:	$2,975.00
Ahora bien, y considerando las rentas promedio de la zona, rentamos cada una de las 3 habitaciones en:	$1,250.00
Obtendremos un cobro total por las 3 habitaciones de:	$3,750.00
Lo que implica una ganancia o ingreso pasivo, por lo regular mensualmente por el subarrendamiento, de:	$775.00

El precio de la renta de cada una de las habitaciones dependerá del "valor agregado" que contenga el inmueble, como visto en algún momento en el presente libro, por ejemplo que cuente con cocina integral, que cuente con tina, se encuentre amueblado, entre otros hace que suba su valor y por ende tu GANANCIA FINAL.

Lo interesante de todo esto es cuando te encuentres arrendando al menos cinco inmuebles y a su vez subarrendándolo de manera fraccionada como visto con anterioridad, y claro está, aplicando la estrategia del subarrendamiento, considerando que obtendrás en promedio y en base al ejemplo, manejándolo como una constante, un ingreso pasivo mensual de:

(5 inmuebles Subarrendados) x ($775.00 de ganancia promedio mensual) = $3,875.00,

Recordando que la cantidad mencionada es solo como ejemplo, considerando la posibilidad de ser mucho mayor en la vida real en base a tu desenvolvimiento en el tema, pero siguiendo con el ejemplo desde mi punto de vista dicha cantidad no es nada despreciable considerando además que no es en sí la finalidad o estrategia primaria de nuestro negocio de Bienes Raíces y si es el comienzo para adentrarte a la creación de INGRESOS PASIVOS, y lo mejor y más recomendable en principio es el poder aprovechar dicha ganancia para invertir en nuestro negocio primario como por ejemplo, en tarjetas de presentación de calidad o en propaganda y publicidad de nuestro negocio.

Ahora bien, es necesario el elaborar y que cada uno de tus "inquilinos" firme un acuerdo de Subarrendamiento que defina claramente todos los términos, siendo uno de vital importancia y es el tiempo mínimo del subarrendamiento con la finalidad de estar preparados cuando esté por vencer uno de ellos y de esta manera ya sea tomar Acción inmediata sobre llevar a cabo una renovación de acuerdo o bien comenzar a promocionar en tiempo y forma la habitación que quedará desocupada para de esta manera estar asegurando los ingreso s correspondientes.

De igual manera, es necesario el entrevistar a aquellas personas interesadas en ser nuestros "inquilinos" así como ser cuidadosos tanto de no olvidar pedirle sus referencias personales como en revisarlas a cada una de ellas, recuerda que tu nombre está de por medio frente al propietario.

En general, lo recomendable al momento de subarrendar es:

- Pedir al individuo que firme un acuerdo escrito de subarrendamiento que defina claramente todos los términos, incluyendo el importe de la renta a pagar cada mes, y las fechas en que el subarrendamiento inicia y finaliza. En algunos lugares, un acuerdo verbal es vinculante, pero aún puede ser impugnado ante los tribunales si surgen problemas.
- Considera la posibilidad de cobrar un depósito por adelantado. De esa manera, tendrás alguna protección si la persona que subarrienda la propiedad no paga la renta, o incurre en costos para reparar los daños. Si no hay problemas cuando la persona se mude, puedes devolverle el depósito de seguridad cuando el acuerdo de subarriendo termine.
- Deja por escrito las condiciones de la propiedad al momento que la persona que subarriende tome la posesión. Recaba un respaldo fotográfico amplio o usa una cámara de video para documentar la condición de la propiedad.
- Exige que la persona sepa de los registros antes de darle las llaves. Esta es una de las mejores maneras de protegerte.

Ahora bien, sobre la marcha te percatarás de manera natural sobre la necesidad de contar con una persona o personas de tu entera confianza a tu cargo, claro está, que te ayuden a avanzar en tu negocio inmobiliario recordando que "el que mucho abarca poco aprieta" para que de esta manera le delegues la administración de esta variante a la estrategia principal, y de esta manera ocupes tu tiempo en abrir nuevas oportunidades de negocio dentro del ramo o bien fuera de él o para tan solo el aprovechar ese tiempo en hacer lo que realmente quieres tal como visto en el *CAPITULO III. Ingreso Activo y Pasivo*.

Para finalizar con el presente capítulo y como mencionado en el título del mismo, ésta estrategia es tan solo una variante a la estrategia principal de tal manera que la decisión de llevarla a cabo en base a lo explicado es tu decisión pero en cuanto a la estrategia vista en el *CAPITULO VI. Estrategia y Acción* es y será un deber ser.

Saber Vender. ¡Llama, llama y llama!

La persistencia, la continuidad es fundamental en diversos, por no decir que en todos, aspectos de la vida y como mencionado en el *Capítulo VI. Estrategia y Acción*:

"Si no te encuentras atendiendo llamadas de posibles clientes o atendiendo citas o concretando operaciones, es tu deber el estar consiguiendo inventario"

El Inventario es el corazón mismo de tu Negocio Inmobiliario considerando y en base a probabilidad y estadística que mientras más opciones tengas para ofrecer, mientras más diversidad puedas ofrecer serán mayores las posibilidades de concretar operaciones resultando en **GANAR DINERO**.

Por ejemplo y a groso modo, una persona que vende fruta en el mercado cuyo puesto solamente se aboca a la venta de plátano tendrá menos oportunidad de venta diaria que otra persona que ofrezca en su puesto dentro de ese mismo mercado además de plátano también manzanas, guayabas, peras, papaya, melón, mandarinas entre otras frutas.

La diversidad ayuda no solamente a tener más oportunidad de negocio sino también a la recomendación misma siendo que si una persona pregunta por un buen lugar para comprar fruta, siguiendo con el ejemplo anterior, otra persona que ha comprado en el segundo puesto recomendará ese lugar sin lugar a dudas argumentando claro está que en dicho puesto podrá encontrar seguramente la fruta que esté buscando (además de plátano), si además la persona de este último puesto agrega calidad en su atención y relación precio/calidad sobra decir el resultado, ¿o no?

Me dirás, también depende mucho el precio de venta sobre la competencia y en efecto así es, lo cual no debe preocuparte en lo más mínimo dado que los precios tanto de venta como de renta dentro del negocio inmobiliario no oscilan mucho entre sí al estar prácticamente dictaminados de manera general por la zona de los mismos inmuebles, es decir, el precio de un departamento en renta dentro de un fraccionamiento no variará mucho de otro dentro del mismo fraccionamiento "a menos" que uno de ellos cuente con cocina integral y el otro no, lo cual sube su valor al poseer cierto "valor agregado" o bien si uno de ellos se encuentra amueblado y otro no, de ser así también tendrá el primero mayor valor por el "valor agregado" lo cual resultará en beneficio para el cliente final de una u otra forma de aceptar llevar a cabo la operación.

Pregunto ¿qué pasaría si en tu inventario tuvieras dentro de ese mismo fraccionamiento un departamento con cocina integral, otro amueblado y otro sin "ningún valor agregado"? Bueno, simple y sencillamente tendrás **DIVERSIDAD** dentro de la zona con diferentes precios claro está, lo que implica el poder darle opciones a los prospectos en base a sus gustos y economía... y ¿qué pasa si dentro de la misma zona se encuentra otra inmobiliaria que ofrece solamente un solo departamento "sin valor agregado"? Bueno pues.

Otro claro ejemplo son los autoservicios dentro de los cuales se presenta una completa diversidad de productos, como por ejemplo de latas de atún o de pastas presentando incluso diversas marcas, diversos contenidos y diversos precios con sus respectivas variantes incluso de cada uno de los productos lo que implica mayores posibilidades de venta. Regularmente una persona entra a un autoservicio para comprar "x" y "y" artículo y sale comprando otros productos e incluso otras "cosas" fuera de su plan original (una persona entra al autoservicio y al salir menciona: "iba por "x" producto pero vi este otro que me gustó y no había mucha diferencia en el precio y aproveché") y esto se debe a la **DIVERSIDAD** y lo mismo aplica a tu Negocio de Bienes Raíces.

Por lo tanto, es VITAL el continuar con la estrategia misma considerando y regresando a lo dicho:

"Si no te encuentras atendiendo llamadas de posibles clientes o atendiendo citas o concretando operaciones, <u>es tu deber el estar consiguiendo inventario</u>"

Debo hacer notar lo subrayado con la finalidad de hacer énfasis en la importancia del **INVENTARIO**, en la importancia de tener diversidad, en tener que ofrecer.

Ahora bien, en estos momentos seguramente ya cuentas con cierto inventario dentro de tu zona, tal como indicado en la estrategia, y podría decir incluso que ya has realizado ciertas visitas con algunos prospectos a algunos inmuebles y si bien cerrado unas operaciones, de no ser así entonces algo no estás haciendo bien y debes repasar la estrategia misma y analizar qué punto es el que está "fallando" y corregir así como perfeccionarlo dado el caso a favor tuyo, nuevamente recuerda que:

"Si no cuentas con todos los conocimientos sobre un tema que necesitas o te interesa, entonces lo que debes hacer es aprender y copiar a los grandes, a

quienes sí los tienen... Busca qué fue lo que hicieron y cómo lo hicieron para llegar a su meta y sigue sus pasos, y cuando estés arriba debes perfeccionarlos".

Si consideras que estás ya listo para dar el siguiente paso, el brinco como quien dice, (solamente tú lo decides) entonces es momento de adentrarte de lleno en el Negocio Inmobiliario y ¿Cómo?

GENERAR INVENTARIO DIRECTO CON PROPIETARIOS

Para ello es necesario que te mantengas al pendiente dentro de tu zona de trabajo sobre nuevas ofertas de venta o renta de inmuebles que surjan y aplicar la estrategia pero en esta ocasión dándoles prioridad a los **PROPIETARIOS**; los propietarios regularmente colocan anuncios sencillos de venta o renta, sin ningún logotipo o mencionan en muchos de los casos "Trato Directo".

Pero ¿por qué con propietarios? Debido a que es momento de comenzar a ganar mayor parte de la "rebanada de pastel" (¿recuerdas?), tienes que anticiparte a las inmobiliarias que por su parte estarán haciendo lo mismo, no obstante es **TU ZONA** y por lo mismo tienes que anticiparte, estar al tanto y sobre todo el saber **VENDERTE** ante los propietarios.

Otra sugerencia y dada ya tus posibilidades es el imprimir volantes mencionando algo así como "¡Si deseas vender o rentar tu propiedad no dudes en llamarme! La mejor alternativa de Bienes Raíces dentro de la Zona" y entregarlos de manera estratégica (llamo estratégicamente a entregarlos de manera ordenada por calles y avanzando de manera creciente dentro de tu zona) y llevar a cabo esta estrategia de manera periódica.

En este punto ya cuentas con el conocimiento pleno de la base, de lo que se trata, para iniciar en este maravilloso negocio de los Bienes Raíces, que de haber seguido paso a paso con la estrategia ya cuentas con experiencia para encaminarte de lleno en tu propio negocio inmobiliario y es momento como dicho anteriormente de dar el siguiente paso y es el buscar tratar con propietarios de manera directa.

Sobre el saber **VENDERTE** ante los propietarios me refiero a saber simple y sencillamente el **ofrecer tus servicios de manera profesional** creando una presentación de los inmuebles que has promovido dentro de la zona o que te encuentras promoviendo, en otras palabras, una presentación del inventario que manejas dentro de la zona misma tanto en computadora (normalmente PowerPoint) así como en carpeta impresa con la finalidad de estar preparado para una cita de cara con el o los propietarios y de esta manera tengan la certeza de que están poniendo su patrimonio en "buenas manos", de igual manera me refiero a **cuidar tu aspecto** que como mencionado en algún momento tiene que ser impecable a cada momento así como la **seguridad y fuerza que pongas en tus palabras** (recuerda el ejercicio de practicar frente a un espejo, siempre que sea posible practica al respecto).

Otro factor importante para practicar sobre el cómo obtener la confianza de los propietarios y el que te brinden la oportunidad de ofrecerles tus servicios es el hecho de lo visto dentro del mismo *CAPITULO VI. Estrategia y Acción*, referente al filtro que llevas a cabo respecto a los **prospectos calificados para comprar o rentar una propiedad para su mayor tranquilidad, seguridad y garantía dentro de tus servicios de Bienes Raíces.**

Por último, no importa la respuesta que obtengas del propietario al llamarle a su teléfono o celular para ofrecerle tus servicios, no importa si se presenta una negativa, recuerda que en el peor de los casos la respuesta que puedes recibir es un no sin embargo tienes **MUCHO QUE GANAR** de ser positiva la respuesta y **NADA QUE PERDER** de presentarse un no, ¿que representa un no ante un sí dentro del cual podrás **GANAR DINERO** con certeza?, lo importante realmente es y como dicho: "Si no te encuentras atendiendo llamadas de posibles clientes o atendiendo citas o concretando operaciones, <u>es tu deber el estar consiguiendo inventario</u>"

Cuando consideres que has trabajado tu zona por completo, y siempre estando al pendiente de la misma claro está, es momento de iniciar con la siguiente zona que tú te designes, la más viable por cercanía como sugerencia… más adelante publicaré otro libro considerando unas técnicas más avanzadas sobre el ámbito inmobiliario que de igual manera las explicaré paso a paso, por el momento mantén el ritmo, mantén la constancia, mantén la perseverancia en lo visto hasta el momento y recuerda no importa la repuesta que obtengas… **¡LLAMA, LLAMA, LLAMA!**

El poder del Outsourcing

Por definición encontramos que el **Outsourcing** es un término del inglés que podemos traducir al español como 'subcontratación', 'externalización' o **'tercerización'**. En el mundo empresarial, designa el proceso en el cual una organización contrata a otras empresas externas para que se hagan cargo de parte de su actividad o producción.

En nuestro caso lo vamos a aprovechar, <u>**con cierta modificación**</u>, bajo un sentido de conveniencia entre ambas partes y dado el caso *sin involucrar términos económico* sobre todo al principio, para realizar una alianza estratégica, en la cual, ambas partes salen ganando, explico a continuación.

Por ejemplo, dentro del ramo de Bienes Raíces se presentan de manera regular personas preguntando si se realizan Avalúos Bancarios, siendo un tema que, y dada mi experiencia dentro de estos últimos años, ha estado creciendo, es decir, está siendo muy solicitado.

Claro está que el desconocimiento y la falta de un certificado preciso sobre el tema, en mi caso, es una verdad, refiriéndome tanto a la forma de llevarlo a cabo de manera profesional, involucrando los datos necesarios o como por ejemplo los cálculos correspondientes y en cierta forma el equipo necesario para tal efecto, así como y sin olvidar la firma que certifique que estamos calificados para ello.

De tal manera que es necesario el "apoyarnos" con quien si cuente con todos los elementos necesarios para hacerlo y es de donde surge la idea de crear una alianza estratégica con "alguien" (a quien llamaré "socio") considerando dos finalidades:

1. El no negar el servicio, lo cual es importante, recuerda el ejemplo de la diversidad explicado en un capítulo dentro del presente libro, dado que de esta manera estás ampliando tu catálogo de servicios de tu propio negocio (… y no solamente ofrecerás plátanos)
2. El obtener recomendaciones para ofrecer tus servicios, basado en tu propio inventario

Por lo tanto, la alianza estratégica debe contemplar en primera instancia la palabra **"RECOMENDACIÓN"**, es decir, no involucrar ganancia económica para ninguna de las partes, solamente el recomendar los servicios de uno y de otro.

De tal manera que ya sea un familiar o si conocemos a alguien que se dedique dentro de sus actividades a realizar avalúos bancarios de manera profesional no debemos dejar pasar la oportunidad de acercarnos y hacerle la propuesta de un apoyo mutuo, de una alianza estratégica basada en recomendación.

Dado el caso de que no conozcas a nadie que los lleve a cabo puedes hacer uso del Internet para ubicar los teléfonos de quienes lo hagan y como dicho dentro del *CAPITULO VIII. Llama, llama, llama* y preséntate, de ser posible obtén una cita, en la cual podrás hacer uso tanto de tu aspecto impecable, como de tu presentación diseñada y actualizada ya sea de manera impresa o por medio de PowerPoint respecto a tu inventario como de la fuerza y energía de las palabras de manera personal y dentro de esa llamada o cita exponle el plan en el cual nadie sale perdiendo y al contrario pueden ¡**GANAR MUCHO**!

Los pasos para llegar a esa persona y el plan a exponerle, de manera sencilla, es:

- Presentarte (indicando a lo que te dedicas, a tu propio negocio inmobiliario)
- Exponer la zona principal en la cual te desenvuelves así como las zonas en las que te encuentres trabajando
- Indicar que en varias ocasiones tanto clientes como personas que ven tu publicidad te preguntan si realizas Avalúos Bancarios y la realidad es que no,
- Sin embargo y para evitar decir un NO rotundo o simplemente para no negar el servicio deseas el que acepte el que lo recomiendes para tal efecto, sin ánimo de lucro, solamente pidiendo lo mismo siendo que de llegar alguien a preguntarle por la compra/venta o renta de un inmueble le proporcione tus datos
- Hacerle ver que nadie sale perdiendo y si pueden salir ganando

Nota: es recomendable que estas personas con las que se pretende entablar la alianza estratégica mencionada no se encuentren en el negocio de Bienes Raíces lo cual tampoco es una condicionante claro está, y preguntarás ¿por qué no es una condicionante, si se encuentra en el negocio de Bienes Raíces entonces se trata en cierta forma de la competencia que además ofrece Avalúos Bancarios? Siendo la respuesta la diferencia de zona como veremos más adelante y además se comienza una relación para "compartir el pastel" más adelante (¿recuerdas?).

Normalmente y sobre la marcha, en base a como se vaya dando la confianza entre tu "Socio" y tú se abre la propuesta, y creerlo o no, de manera natural de compartir una "rebanada de pastel" por las operaciones que dieran a lugar bajo las recomendaciones por ambas partes.

Lo que sí es un factor importante a considerar es que tus "Socios" se encuentren fuera de tu zona, así como de las zonas en las cuales te encuentras operando, recuerda que la finalidad es obtener recomendaciones y que mejor de una zona dentro de la cual no estás operando; debemos pensar, como se dice, cinco pasos adelante y ciertamente en varios casos los conocidos de nuestros socios, sus familiares o clientes llaman a nuestro celular indicando que llaman por recomendación de "X persona" (Socio X) dado que viven por una zona distante pero que están buscando rentar un departamento por "y" zona por cuestiones de trabajo, por ejemplo, y que la "X persona" (Socio X) les mencionó que eres la mejor opción de Bienes Raíces precisamente dentro de esa zona.

Si eres una persona observadora, mencioné el considerar a tus "Socios" y no a tu Socio, y sí, así es, no estás casado con nadie (refiriéndome al negocio mismo) no se ha firmado contrato de exclusividad ni nada por el estilo de tal manera que puedes entablar acuerdos de apoyo como el mencionado anteriormente con diversas personas, que claro está, llevado de manera inteligente al no crear "Socios" cuyo domicilio se encuentre dentro de una misma calle e incluso de la misma zona, lo mejor y dada la experiencia es crear "Socios" fuera de tu campo de trabajo y que estos "Socios" se encuentren fuera de sus zonas con la finalidad de abarcar más tu espacio de recomendación.

Como lo visto con anterioridad respecto a los Avalúos Bancarios existen diversas opciones para ampliar tu campo de acción mediante el esquema mencionado o bien ocupando el Outsourcing tal cual es, como por ejemplo despachos de arquitectos para remodelaciones o incluso el entablar acuerdos con otras inmobiliarias en otras ciudades o estados cercanos llegando a establecerse con el paso del tiempo una **RED NATURAL DE BIENES RAICES** para tu propio negocio, donde incluso también te puedes llevar una "rebanada de pastel" claro está, pero eso lo veremos en otra publicación en la cual hablaré de otras técnicas para ampliar tu Negocio Inmobiliario, mientras tanto no pierdas tiempo, como puedes ver existe mucho, mucho que hacer, y entra a la **ACCION** sobre el tema de los Avalúos Bancarios lo cual además te estará proporcionando la experiencia necesaria, la preparación para otras técnicas…

Aspectos Legales

Como bien conocido "Lo del Cesar al Cesar...", en el ramo inmobiliario (y en todos los ramos de negocio hablando tal como es) es absolutamente necesario el cumplir y respetar todos los aspectos legales correspondientes.

Independientemente del país en donde te encuentres es tu responsabilidad el hacer cumplir las determinaciones fiscales que den a lugar para toda y cada una de las operaciones que lleves a cabo, de tal manera que hago una atenta invitación para que te acerques con profesionales en el tema con la finalidad de recibir la orientación necesaria y evitarte posteriores "dolores de cabeza".

Te puedo decir, anticipándome a la orientación por parte de profesionales que reitero importante, que es necesario, si aún no cuentas con ella, el alta ante el sistema tributario en tu país como persona física con actividad empresarial (que como dicho, los profesionales en la materia y en base al país en donde te encuentres te darán las opciones necesarias) y posteriormente el tener la manera de emitir tus propios recibos de honorarios por medio de los cuales recibirás tu ganancia, por el servicio ofrecido, ya sea por parte de los propietarios o de las inmobiliarias o los "inquilinos" en base a la estrategia vista, también es necesario contar con una cuenta bancaria (de preferencia de "cheques") a tu nombre, la cual en muchos países para su apertura se solicita una constancia fiscal.

Independientemente de que al momento de recibir tus ganancias no te pidan tus clientes o con quienes realizaste la operación un comprobante, en este caso recibo de honorarios por los servicios prestados, te recomiendo que lo hagas recuerda "Lo del Cesar al Cesar...".

Cuando lleves a cabo las negociaciones con los propietarios, las inmobiliarias así como tus "inquilinos" siempre menciona que te manejas fiscalmente bajo el régimen "x" (el que corresponda en base a la recomendación de los profesionales en tu país) y que emites recibos de honorarios para tal efecto o factura dado el caso bajo lo dispuesto por las autoridades correspondientes hablando de las tasas de impuestos, esto además de proporcionarte la tranquilidad de hacer las cosas bien, deja un buen sabor de boca a las personas con las que llevas a cabo las negociaciones correspondientes al saber que te desenvuelves de manera profesional y acorde a las leyes, no siendo de manera turbia o como se dice "por abajo del agua", considera que su patrimonio es lo que ponen en tus manos y la confianza es la que se tiene que abrir.

Ahora bien, normalmente al establecer la "rebanada de pastel", es decir, la comisión que ganarás por la operación es importante el mencionar que a dicha cantidad le agregarás lo correspondiente a los impuestos con la finalidad de hacer las cosas bien como deben de ser, y que de igual manera esto le da más garantía de tus servicios y fiscalmente no tendrán problema alguno.

Tal como lo mencionado anteriormente, de igual manera deberás contar con un calendario fiscal, en la pared de tu negocio o donde lo tengas a la vista, con la finalidad de estar al tanto para realizar tus declaraciones de manera personal o bien si has contratado a un despacho contable para tal efecto no olvides el estar supervisando que realmente lo lleven a cabo.

De igual manera, debes seguir las disposiciones legales que correspondan a tu país respecto a los formatos que manejes dentro de tu negocio inmobiliario, como por ejemplo el acuerdo de subarrendamiento. En este punto también hago una atenta invitación para que te acerques a profesionales en la materia para que te asesoren al respecto. Siendo los formatos que normalmente estarás ocupando, sobre todo al comienzo de tu negocio inmobiliario:

1. Contrato de Arrendamiento
2. Contrato de Compra / Venta
3. Clientes Prospectos para Compra o Arrendamiento
4. Autorización para consulta en Buró de Crédito
5. Acuerdo de Subarrendamiento
6. Carta de Aceptación del Servicio Profesional
7. Levantamiento del Inmueble

No me cansaré de reiterar que es importante te acerques a profesionales en la materia para que recibas la orientación correspondiente y puedas de esta manera operar tu negocio inmobiliario de manera "sana", recuera **"Lo del Cesar al Cesar…"**

Para concluir

En estos momentos cuentas con todos los elementos necesarios tanto para iniciar tu propio negocio inmobiliario, si es que aún no has comenzado a llevar a cabo la estrategia explicada paso a paso, como para hacerlo crecer de estar llevándolo a cabo; esfuerzo y dedicación a cada momento y sobre todo: **ACCION**.

Recuerda que es sumamente importante el mantener a cada momento latente el deseo que te impulsó a adquirir el presente libro para mantener la Fuerza de voluntad encendida con la finalidad de pasar con plena convicción a la acción de la estrategia, del plan establecido sin dudas y de esta manera convertir ese mismo deseo en una realidad. Recuerda: **Vivir o Morir Hoy**.

El No como respuesta por parte de propietarios es irrelevante, no tienes nada que perder y mucho que ganar al obtener un Sí mediante el cual con toda certeza **Ganarás Dinero**, de tal manera que: **¡Llama, llama, llama!**; ten presente que si no te encuentras atendiendo llamadas de posibles clientes o atendiendo citas o concretando operaciones, es tu deber el estar consiguiendo inventario, la **DIVERSIDAD** es una clave, no es una opción es una necesidad hoy por hoy.

Acércate a profesionales en cuestión de aspectos legales en tu país, no lo olvides "lo del Cesar al Cesar..."

Plantéate como meta el crear diversos activos que te generen **INGRESOS PASIVOS**, a mediano plazo, mediante los cuales realmente lograrás libertad financiera y por ende calidad de vida.

En otro libro hablaré sobre técnicas más avanzadas al respecto, mientras tanto afianza lo visto, llévalo a cabo y dado el caso perfecciónalo a tu favor. **Abre paso a la ¡ACCION!**

Durante el libro he expuesto algunos puntos, que quizá consideres fuera de lugar, como por ejemplo en el caso del *ANEXO II. La fuerza de la energía sexual* o cuando hablo de los principales enemigos (exceso de confianza y soberbia) o cuando hablo del verdadero secreto por alcanzar el objetivo, la plenitud no se encuentra en tan solo pensar positivamente o bien al mencionar que el éxito real no radica en la riqueza (en las ganancias) que estoy seguro lograrás sino en la "satisfacción intelectual" que conlleva, sin embargo estos puntos van en correlación por completo, como mencionado, quizá los consideres fuera de lugar pero te aseguro que no lo están, debes aprender que: "El desarrollo exterior va en paralelo con el interior; como estás por dentro estás por fuera".

En mi libro: *"Como hojas en el viento"* hablo de manera amplia al respecto.

Recuerda: ***"Las acciones de hoy marcan nuestro futuro"***

--- Mauricio g Borrego

ANEXO I. Página de negocio en Facebook

Una excelente manera de obtener visibilidad dentro de tu ciudad, así como de ciudades cercanas, para tú negocio inmobiliario es sin lugar a dudas mediante Facebook, cuidando a detalle las palabras claves de cada una de las publicaciones como visto en el *CAPITULO VI. Estrategia y Acción*.

Es importante el contar con una página exclusiva para tu negocio, que indique a lo que te dedicas, el horario de apertura y cierre de tu negocio, tu ubicación física dado el caso, así como tu teléfono celular y WhatsApp, tu correo electrónico así como la posibilidad de contactarte por medio de Messenger. Mientras más medios de contacto proporciones, más opciones para contactarte, mucho mejor.

La clave se encuentra en la configuración que lleves a cabo dentro de tu página

Considerado bajo recomendación los siguientes puntos:

Publicaciones de visitantes: Selecciona "Desactivar las publicaciones de otras personas en la página

Compartir publicaciones e historias: Selecciona "compartir en historias"; selecciona "Permite que las personas compartan las publicaciones y los eventos de tu página"; Selecciona "Permite que las personas compartan las historias de tu página"

Mensajes: Selecciona "Permitir que las personas y las páginas se pongan en contacto con mi página de forma privada"

Restricciones de países: Selecciona "La página es visible para todos"

Restricciones de edad: Selecciona "La página se muestra a todos"

Filtro de groserías: Selecciona "Definido en moderado"

Distribución de contenido: Selecciona "Se permite la descarga en Facebook"

¡Listo! Sobre la marcha y posteriormente podrás llevar a cabo campañas publicitarías de tu página, llegado el momento el cambio de configuración en algunos puntos será necesario, como por ejemplo en el tema de Restricciones de países.

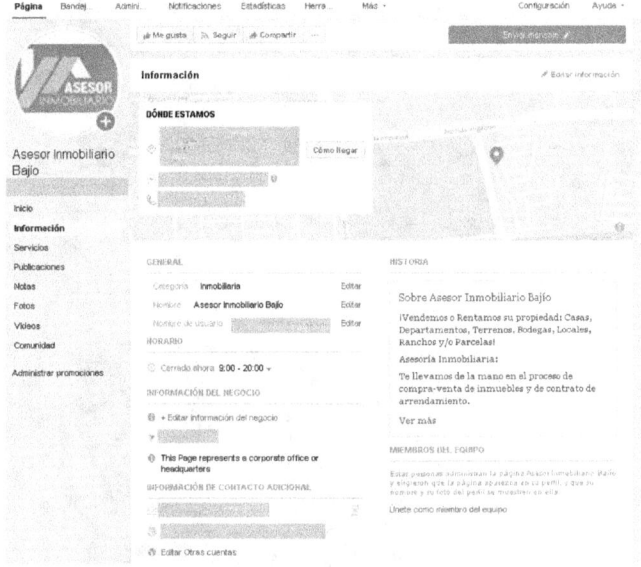

Un par de ejemplos de publicaciones son:

Asesor Inmobiliario Bajío

Casa en venta en
Vigilancia las 24 hrs., áreas verdes, juegos infantiles, alberca, cocina integral, 4 recámaras, recámara principal con baño y vestidor, Sala, Comedor, Baños, Patio de Servicio, Cochera Cuenta con excelentes acabados a un precio increíble $990,000 y lo mejor se aceptan CRÉDITOS!!!

Si deseas conocerla conocerta una cita

Asesor Inmobiliario Bajío etiquetó a Vendemos o arrendamos tu propiedad.

Hermosa Casa en Venta en   Cuenta con amplio espacio, 1 Planta, 3 Recámaras, 2 Baños Completos, Sala de TV, Cochera para 3 autos, Cocina Integral. Precio $1,960,000 Más Información

ANEXO II. La Fuerza de la energía sexual

Las personas en el transcurso de la vida, en alguna de sus etapas, ya sea durante la niñez o durante la adolescencia o durante la edad adulta han experimentado al menos en una ocasión la fuerza de la energía sexual, es decir, la "atracción por otra persona".

El poderoso deseo de estar junto a aquella persona, el besarla, el sentirla, que de una u otra forma hace "palpitar el corazón y acelerar la respiración" con tan solo pensar en ella, que incluso provoca y como se dice "el soñar despierto con ella".

Al momento de mirar a aquella persona a los ojos y sentir un sentimiento recíproco se da inicio a la poderosa fuerza de la energía sexual que provoca en primera instancia el "soñar despierto" dando comienzo a un enfoque para llegar a ella.

Entrando en juego la visualización, donde los pensamientos van creando imágenes cada vez más claras respecto al deseo mismo para con aquella persona, como por ejemplo el besar sus labios, y esa imagen se va fortaleciendo de manera gradual en base al trato diario o bien a simple y sencillamente al verla de manera constante aunque no exista aún un trato directo.

La imágenes creadas de manera clara respecto a nuestro deseo conlleva a que el poder de la visualización tome vida al comenzar a crear el escenario perfecto para acercarse a ella o permitir que se acerque a nosotros con la finalidad de propiciar el externarle nuestro sentir y el escenario se repite de manera constante e incluso se va perfeccionando en la mente hasta llegar al escenario ideal para llevarlo a cabo y ahora tan solo esperar ese momento ya creado, ya estudiado y perfeccionado en nuestra mente en repetidas ocasiones, dentro del cual se llega a sentir que los estamos viviendo, estamos palpando una realidad absoluta.

Llegado el momento no habrá obstáculo alguno para acercarnos o permitir que se acerque, haciendo de lado todo distractor que diera a lugar dentro de nuestros pensamientos, es decir, tan solo bloqueamos o no entablamos conversación alguna con todo aquel pensamiento que no sea el establecido para ese preciso momento, el Enfoque es Absoluto y en el estómago se comienzan a sentir "mariposas revoloteando" y el corazón palpitando "al cien por ciento"... ¡Llega el momento!

La Fuerza de la Energía Sexual es un claro ejemplo del poder que ejerce un deseo sobre la fuerza de voluntad para llevar a cabo una acción.

Mientras el deseo se mantenga vivo la fuerza de voluntad estará latente esperado la señal para realizar la acción previamente diseñada, elaborada y perfeccionada dentro de nuestra mente por medio de la visualización y bloqueando todo aquel pensamiento que interfiera con el deseo mismo, con la acción de conseguir que se haga una realidad.

El deseo bajo plena convicción "encenderá los motores" con enfoque a crear una realidad, en otras palabras, no podemos engañarnos a nosotros mismos, por ejemplo, si no sentimos una atracción por otra persona por la razón que sea (o dicho de otra forma, que simplemente no nos gusta) entonces no sentiremos ni siquiera un deseo lo cual conlleva a quizá ni siquiera pensar en aquella persona lo que implica no involucrar nuestra fuerza de voluntad en lo más mínimo dado que no existe una acción programada para llevar a cabo más que simplemente el no pensar en aquella persona, dando entrada a cualquier tipo de distractor que llegue a nuestra mente e incluso cuando dicha persona se encuentre junto a nosotros.

De tal manera que, y hablando de manera general, si queremos alcanzar algo que ni siquiera nos llama la atención, no nos interesa o no nos gusta y lo hacemos bajo un sentimiento de: "haber que pasa" implica que nuestra fuerza de voluntad no será lo suficientemente fuerte para llevar a cabo una acción donde, además, cualquier tipo de distractor será lo suficientemente fuerte para que cambiemos de dirección en cualquier momento; tan solo estaríamos intentando "engañarnos" a nosotros mismos por algo que en realidad no deseamos.

Por lo tanto **es importante antes de comenzar algo el estar plenamente convencidos de que ese algo es lo que realmente deseamos, que nos guste, que queremos hacer bajo propia convicción dado que de esta manera no habrá obstáculos que se interpongan en el trayecto por conseguir que el deseo mismo se convierta en una realidad.**

ANEXO III. La Participación, veamos números

Una de las preguntas que se hacen los propietarios de los inmuebles, ya sea que quieren vender o arrendar su propiedad, es "¿me conviene contratar los servicios de un agente inmobiliario?"

Normalmente los propietario tienen la creencia de que la labor de un agente inmobiliario es única y exclusivamente la de vender un inmueble, lo cual es una absoluta falsedad, el agente inmobiliario además de la búsqueda para colocar un inmueble para la venta también se aboca a la búsqueda para el arrendamiento dado el caso, se encarga de la promoción del inmueble así como de la revisión de documentos, filtro de prospectos calificados entre otras acciones como visto en el *CAPITULO VI. Estrategia y Acción*, lo que es sumamente importante, siendo de manera concreta y de manera de resumen:

- **Revisión de documentos**

El agente, también, es el encargado de hacer la revisión de los documentos para ver el estado que guarda un inmueble en términos documentales y legales. Una vez que se cerciora de que todos los elementos estén al corriente jurídicamente, se asegura de que al momento de la firma de compraventa, o arrendamiento, no se presenten contratiempos que ocasionen retrasos y sanciones por incumplimiento de términos o fechas. El dar por sentado que los documentos de un inmueble en venta o renta están al corriente es un error común.

Suele suceder que tras una breve investigación se descubren problemas de escrituración.

- **Determinación del valor del inmueble**

Un agente inmobiliario también ayuda a determinar el valor comercial de una casa o departamento en venta o renta. Es común que un agente inmobiliario inexperto trate de poner el mismo precio que puso algún vecino o conocido a su propiedad sin tomar en cuenta las tendencias del mercado y la situación particular del inmueble, como los acabados o su nivel de mantenimiento.

Esto ayuda porque muchas veces el inmueble sale a la venta o renta poniendo precios exorbitantes, pasa el tiempo y al ver que no hay resultados, se empieza a bajar el precio, pero para entonces ya se perdió mucho tiempo y el costo de oportunidad es mayor.

- **Promoción del inmueble**

Un propietario anunciará su propiedad en portales web gratuitos pero el impacto es distinto cuando la promoción corre a cargo de un asesor inmobiliario considerando su preparación, su experiencia al respecto, como visto en su momento.

- **Mayor seguridad**

Aunque no siempre sucede, claro está, puede pasar que cuando un comprador hace trato directo con el dueño, esté expuesto a ser víctima de un fraude inmobiliario. El agente inmobiliario funge como un filtro que apoya en la revisión de documentos, el establecimiento de citas y todos los elementos de seguridad que deben tener ambas partes en la compraventa o arrendamiento inmobiliario.

- **Apoyo en la negociación**

El mismo soporte lo provee en términos de negociación. Es completamente diferente el contar con el apoyo de un profesional, que tomar una decisión acerca del precio de una casa bajo presión o sin contar con la experiencia necesaria para garantizar las mejores condiciones de una oferta así como la forma de pago.

- **Durante el proceso de compraventa**

Cuando se trata del siguiente paso, el agente inmobiliario se encarga de revisar que el contrato de compraventa o el contrato de arrendamiento sea lo más justo posible para las partes involucradas.

Muchas personas no entienden los tecnicismos o el lenguaje legal y piensan que bajar un machote (formato) de internet es la solución, pero esto puede ocasionarles problemas más adelante porque solamente contemplan cosas básicas. Esas plantillas no están actualizadas conforme a la legislación, incluso del país que corresponda, y el resultado de firmarlos puede derivar en un gran dolor de cabeza.

Una vez que se ha firmado el contrato, el agente inmobiliario es el intermediario ante el notario, apoya con la gestoría, los trámites notariales y la resolución de posibles inconvenientes que dieran a lugar. El cliente no tiene que involucrarse en esos procesos, solo debe presentarse a firmar.

- **En el caso de Arrendamiento**

En materia de arrendamiento, el agente inmobiliario tiene obligación de revisar los antecedentes de las personas, incluso solicitando dentro de sus filtros para garantizar prospectos calificados, carta de antecedentes no penales. De ese modo, se puede determinar si la persona tiene alguna demanda o juicios penales en su contra. También revisa las escrituras de los inmuebles que quedan en garantía en cuanto a los avales se refiere y orienta al arrendador para garantizar el cumplimiento del contrato.

Como visto, y reiterando, hay muchas cosas que hacer, ¿o no?, recuerda: **¡ACCION!**

Es importante que al momento de llevar a cabo la negociación al ofrecer tus servicios a los propietarios menciones de manera clara el servicio profesional que obtendrá de tu parte, considerando los puntos anteriores, tal como mencionado en algún momento dentro del libro: un secreto es el Saber Venderte, pero...

¿Cuál es la participación de un agente inmobiliario?

Un agente inmobiliario cobra normalmente entre el 4% y el 6% del valor de la operación en caso de compraventa y un mes de renta en el caso de arrendamiento.

Ejemplo 1. En el caso de compraventa, si el inmueble está valuado en **$650,000.00** la cantidad mínima que ganarás es de **$650,000.00 x 4% = $26,000.00** y la cantidad máxima que ganarás es de $650,000.00 x 6% = $39,000.00

Ejemplo 2. En el caso de compraventa, si el inmueble está valuado en **$1, 250,000.00** la cantidad mínima que ganarás es de **$1, 250,000.00 x 4% =**

$50,000.00 y la cantidad máxima que ganarás es de **$1, 250,000.00 x 6% = $75,000.00**

Cantidad bien ganada en base a tu esfuerzo y dedicación al respecto. Ahora bien, en el caso de arrendamiento:

Ejemplo 3. En el caso de arrendamiento, si el inmueble se renta en **$1,500.00** la cantidad que ganarás es de **$1,500.00**

Ejemplo 4. En el caso de arrendamiento, si el inmueble se renta en **$3,500.00** la cantidad que ganarás es de **$3,500.00**

Nota: Es mi obligación recordarte el tema fiscal el cual debes tener presente y considerar aplicar a cada una de tus operaciones y de igual manera llevar a cabo o estar al pendiente de las correspondientes declaraciones. "Lo del Cesar al Cesar...", asesórate con profesionales al respecto en tu país.

> **Una simulación**

En base a los ejemplos, supongamos que llevas a cabo en el transcurso de un mes cada una de las operaciones anteriores y *considerando las ganancias mínimas* de cada una de ellas para esta simulación, tenemos:

Ejemplo 1. Compraventa. Ganancia = $26,000.00
Ejemplo 2. Compraventa. Ganancia = $50,000.00
Ejemplo 3. Arrendamiento. Ganancia = $1,500.00
Ejemplo 4. Arrendamiento. Ganancia = $3,500.00

GANANCIA TOTAL DEL MES = $81.000.00

Ahora, con esta simulación puedes ver claramente la gran importancia referente a que si no te encuentras atendiendo llamadas de posibles clientes o atendiendo citas o concretando operaciones, es tu deber el estar consiguiendo inventario, la **DIVERSIDAD** es una clave, no es una opción es una necesidad hoy por hoy, con enfoque a los propietarios conforme avances en la estrategia planteada en el *CAPITULO VI. Estrategia y Acción.*

Quizá se pueda llegar a pensar que las ganancias que recibe un agente inmobiliario son elevadas, y si lo son, pero también se debe considerar que parte de tales ganancias se destina a pagar la publicidad, las estrategias que implementa a nivel de marketing, también incluye la asesoría legal que diera a lugar, de valuación, incluso fiscal pues ofrece orientación para poder exentar o pagar menos impuestos, lo cual estarás aprendiendo sobre la marcha, te lo aseguro. La administración de las ganancias, dependerá de ti, y solamente de ti, recuerda lo mencionado respecto al ahorro, siempre destina una parte de las ganancias a una cuenta de ahorro que recomiendo sea del 10% de cada una de las operaciones para que a su vez y sobre la marcha también inicies con la creación de **INGRESOS PASIVOS** como lo visto en el *CAPITULO VII. Una variante a la estrategia. Subarrendamiento.*

Ahora bien, dentro del ramo inmobiliario se presenta que algunos agentes o inmobiliarias comparten sus inmuebles, de hecho, dos asesores pueden compartir la misma propiedad y promoverla al mismo tiempo. Por lo regular las ganancias se dividen por igual en esos casos y el beneficio es también para el vendedor o el arrendador, porque las operaciones se hacen de manera más rápida.

Debes estar consciente, sobre todo al comienzo, al inicio y como mencionado en algún momento, que el aprender tienen un precio y muchas inmobiliarias lo saben y por lo mismo ofrecen el compartir su inventario bajo un porcentaje de participación del

15% sobre el 4% del valor del inmueble en el caso de compraventa y el 15% en el caso de arrendamiento.

Ejemplo 5. En el caso de compraventa, si el inmueble está valuado en **$650,000.00** tenemos que **$650,000.00 x 4% = $26,000.00** y la cantidad que ganarás es de **$26,000.00 x 15% = $3,900.00**

Ejemplo 7. En el caso de arrendamiento, si el inmueble se renta en **$3,500.00** tenemos que la cantidad que ganarás es de **$3,500.00 x 15% = $525.00**

Donde claramente se puede apreciar la gran diferencia de contar con tu "propio" inventario, es decir, trabajar en directo con propietarios y ser tú el que comparta tu inventario con otros agentes o inmobiliarias. Por ejemplo y en base a la simulación anterior, si todas y cada una de las operaciones realizadas se hubieran efectuado bajo el esquema de los ejemplos 5 y 7 entonces tu ganancia total mensual sería de $12,150.00 en lugar de $81,000.00, algo de diferencia. Pero como mencionado, comienza con la estrategia indicada y sobre la marcha enfócate a propietarios. Recuerda tienes mucho que hacer:

*"Si no te encuentras atendiendo llamadas de posibles clientes o atendiendo citas o concretando operaciones, es tu deber el estar consiguiendo inventario, la **DIVERSIDAD** es una clave, no es una opción es una necesidad hoy por hoy, con enfoque a los propietarios conforme avances en la estrategia planteada"*

ANEXO IV. Formatos prediseñados

La importancia de contar con los formatos (machotes) adecuados para cada una de las operaciones es fundamental pero sobre todo el que cumplan con todos y cada uno de los requisitos legales y fiscales que correspondientes.

De tal manera que, y como mencionado en su momento, es importante que al principio trabajes con el inventario de inmobiliarias con la finalidad de que vayas adquiriendo experiencia al respecto, te vayas "empapando" del tipo o características de los machotes que manejan así como de los requisitos respectivos, de igual manera y como recomendación el acercarte a profesionales en la materia que te asesoren en base al país en donde te encuentres.

Muchas personas piensan que bajar un machote (formato) de internet es la solución, sin embargo no lo hagas dado que esto puede ocasionarte problemas más adelante porque solamente contemplan cosas básicas. Esas plantillas no están actualizadas conforme a la legislación, incluso del país que corresponda, y el resultado de firmarlos puede derivar en un gran dolor de cabeza.

Aprovecho para hacer una atenta invitación para que te acerques a la asociación de profesionales inmobiliarios de tu país, unirte te puede dar además de conocimientos, compartir experiencias y crear relaciones que te ayudarán al crecimiento de tu negocio el dar mayor seriedad a tu negocio inmobiliario al momento de ingresar en dicha asociación.

Los principales formatos (machotes) que estarás ocupando, sobre todo al principio son:

8. Contrato de Arrendamiento
9. Contrato de Compra / Venta
10. Acuerdo de Subarrendamiento
11. Autorización para consulta en Buró de Crédito
12. Levantamiento del Inmueble
13. Clientes Prospectos para Compra o Arrendamiento
14. Carta de Aceptación del Servicio Profesional

En cuanto a los puntos del 1 al 4 es necesario, reitero, te asesores con profesionales en la materia de tu país y/o aprendas sobre la marcha con los machotes que manejan las inmobiliarias; ahora bien, en cuanto a los puntos del 5 al 7 tenemos que:

5. Levantamiento del inmueble

Es necesario considerar los siguientes puntos:

a) Tipo de inmueble: casa habitación o departamento
b) Fecha de levantamiento
c) Domicilio completo
d) Nombre del propietario o propietarios con derechos legales sobre el mismo
e) Teléfono fijo y celular de contacto así como correo electrónico
f) Lugares de referencia, por ejemplo centros comerciales, bancos, escuelas cercanas así como avenidas principales
g) Número de habitaciones y si cuentan con baño
h) Si las habitaciones cuentan con closets
i) Si cuenta con sala
j) Si cuenta con comedor

k) Si cuenta con cocina y si ésta cuenta con cocina integral
l) Con cuantos baños completos cuenta y si cuentan con cancel, con tina y área de yacuzzi ; con cuantos medios baños cuenta
m) Si cuenta con área de estar
n) Si cuenta con sote huela
o) Si cuenta con área de jardín
p) Si cuenta con estacionamiento y cuantos lugares tiene
q) Si cuenta con área de lavado
r) Si cuenta con cisterna y tinaco, de ser posible considerar su capacidad
s) Si cuenta con gas de cilindro, gas estacionario (de ser posible considerar su capacidad) o gas natural
t) Si cuenta con servicio de luz eléctrica
u) Con cuantos pisos cuenta
v) Con cuantos metros cuadrados de superficie cuenta así como de construcción
w) Si está al corriente en su pago predial
x) Si está al corriente con el pago del servicio eléctrico
y) Si está al corriente con el pago del servicio de agua
z) Si está libre de gravamen
aa) Si el propietario cuenta con los derechos absolutos para su venta o arrendamiento y si se encuentre debidamente en el registro público de la propiedad (normalmente revisando la escritura)
bb) Toma de fotografías de preferencia de cada una de las áreas del inmueble considerando diversos ángulos para posteriormente subir a tu página de Facebook

Los puntos anteriores son esenciales en el levantamiento del inmueble, los cuales será el escaparate de tu inventario que ofrecerás a los prospectos, de tal manera que tienes que aclarar cualquier duda que diera a lugar en el transcurso del levantamiento como por ejemplo en caso de desperfectos o falta de mantenimiento como puede ser en la pintura del inmueble o del jardín.

6. Clientes Prospectos para Compra o Arrendamiento

Este formato tiene la finalidad de tener una ficha de alta de tus clientes que conforma su expediente y la protección del propietario del inmueble así como la tuya por lo tanto debes poner empeño en su llenado así como en los documentos que lo respalden, considerando:

a) Fecha
b) Nombre completo
c) Ocupación actual
d) Ingresos fijos mensuales así como variables
e) Si cuenta con propiedad a su nombre
f) Estado Civil y tipo de contrato matrimonial dado el caso (bienes mancomunados o separación de bienes), número de hijos y sus edades
g) Carta de antecedentes no penales (**Nota:** No todos los agentes inmobiliarios lo consideran sin embargo tómalo en cuenta)
h) Nombre completo de tres referencias personales, incluyendo domicilio, teléfono fijo, celular y correo electrónico, así como su ocupación actual y desde cuando los conoce
i) Si cuenta con una persona que le firme como aval que tenga propiedad a su nombre
j) El nombre del posible aval
k) Teléfono fijo y celular del aval
l) Cuando se trate de arrendamiento, Es importante el contar con el comprobante de propiedad del aval así como su comprobante de identificación con la finalidad de llevar a

cabo el contrato de arrendamiento sin contratiempos
m) Mencionar que servicio desea: compraventa o arrendamiento
n) Tipo y características del inmueble que desea
o) Tiempo en el que está dispuesto a realizar la compra o el arrendamiento al confirmarse con el mismo cliente y acepte una propiedad a su gusto y necesidades e iniciar con los trámites de la operación

Los puntos anteriores, te puedo decir, son los esenciales para conformar el expediente del cliente no sin incluir la Carta de Aceptación del Servicio Profesional, que veremos a continuación.

7. Carta de Aceptación del Servicio Profesional

Es fundamental y en términos generales tiene la finalidad para tu negocio inmobiliario el garantizar el llevar a cabo el servicio ofrecido a cambio de recibir una ganancia.

Este documento es el común acuerdo, en pocas palabras, de que al momento de concretar la operación, llueva o truene, tú eres acreedor a recibir el pago correspondiente por parte del propietario por el servicio trabajado ya sea respecto a una operación de compraventa o de arrendamiento, considerando los porcentajes vistos en el *ANEXO III. La participación, veamos números.*

Los puntos necesarios son:

a) Fecha
b) Nombre completo
c) Domicilio
d) Teléfono fijo, celular y correo electrónico

e) Servicio ofrecido de tu parte, si se trata de servicio de compra venta inmobiliaria o de arrendamiento
p) Observaciones, aquí se pueden agregar lo correspondiente al inciso n) del punto anterior y mencionar que no se limita a dichas características solamente se hace mención como una referencia, (e incluso se hace alusión al documento 6. Clientes Prospectos para Compra o Arrendamiento).
f) Para el caso de compraventa: Incluir como pago por el servicio ofrecido una vez concretada la operación el porcentaje pactado en base a lo visto en el *ANEXO III* sobre el valor que desprenda del avalúo correspondiente sobre el inmueble
g) Para el caso de arrendamiento: Incluir como pago por el servicio ofrecido una vez concretada la operación lo correspondiente al depósito en garantía inicial que efectúe el arrendatario, siendo que dicho depósito corresponde a un mes de renta en base al contrato de arrendamiento que dé a lugar.
h) Se deberá firmar acorde a la identificación oficial que presente y de la cual tienes que anexar una copia

Teniendo ya en cuenta cada uno de los puntos necesarios para cada uno de los formatos vistos de los puntos 5, 6 y 7 se pueden conformar ya sea mediante Word o Excel sin mayor problema, en mí caso ocupo mucho más excel, sin embargo tu puedes optar por el programa que más te agrade o conozcas al respecto.

En cuanto a los puntos del 1 al 4, reitero el acercarte a profesionales en la materia para obtener una asesoría al respecto, no obstante que y como dicho bajo la marcha lo estarás aprendiendo tomando a las inmobiliarias como referencia al respecto.

Acerca del Autor

 Mauricio g Borrego nació en 1973, en México. Trabajó varios años de su vida ocupando altos cargos tal como Gerente de una Institución Bancaria así como Subdirector Operativo y de Sistemas en una prestigiada empresa importadora y comercializadora de vinos de mesa.

De pronto, cambió el curso de su vida; durante aquellos días de adversidad, tiempos difíciles en todos los aspectos, sabía que la única manera de salir avante radicaba en dos palabras: *Esfuerzo y Dedicación* y así fue, iniciando textualmente de cero bajo un sólido enfoque de crear un modelo de negocio que le permitiera alcanzar nuevamente la estabilidad en todos los sentidos.

Fue así que después de analizar diversas opciones, y bajo experiencia propia, decidió tomar el rumbo hacia el fascinante mundo de los *Bienes Raíces* del cual logró desarrollar una estrategia que le permitió alcanzar el objetivo.

Mauricio g Borrego proporciona, a través del presente libro y de manera accesible el modelo de negocio, la estrategia misma que conformó, paso a paso la cual le permitió alcanzar nuevamente la estabilidad, para quienes buscan la base por la circunstancia o razón que sea por lograr su *libertad financiera* así como un *Negocio Rentable* por completo, con la finalidad que solamente lo repliquen.

Como bien dice actualmente: *"Las acciones de hoy marcan nuestro futuro"* -- MGB

www.ingramcontent.com/pod-product-compliance
Lightning Source LLC
Chambersburg PA
CBHW060847220526
45466CB00003B/1275

De pronto, cambió el curso de su vida; durante aquellos días de adversidad, tiempos difíciles en todos los aspectos, sabía que la única manera de salir avante radicaba en dos palabras: Esfuerzo y Dedicación y así fue, iniciando textualmente de cero bajo un sólido enfoque de crear un modelo de negocio que le permitiera alcanzar nuevamente la estabilidad en todos los sentidos.

Fue así que después de analizar diversas opciones, y bajo experiencia propia, decidió tomar el rumbo hacia el fascinante mundo de los Bienes Raíces del cual logró desarrollar una estrategia que le permitió alcanzar el objetivo.

Mauricio g Borrego proporciona, a través del presente libro y de manera accesible el modelo de negocio, la estrategia misma que conformó, paso a paso la cual le permitió alcanzar nuevamente la estabilidad, para quienes buscan la base por la circunstancia o razón que sea por lograr su libertad financiera así como un Negocio Rentable por completo, con la finalidad que solamente lo repliquen.

Como bien dice actualmente: "Las acciones de hoy marcan nuestro futuro" -- MGB

Mauricio g Borrego nació en 1973, en México. Trabajó varios años de su vida ocupando altos cargos tal como Gerente de una Institución Bancaria así como Subdirector Operativo y de Sistemas en una prestigiada empresa importadora y comercializadora de vinos de mesa. Diseñó un modelo de negociorentable dentro del ramo de Bienes Raíces.

Do You Have a WOW IDEA for a New Product?

INVENT WOW!

CREATE WEALTH

A Proven 3-Step System for Turning Your WOW IDEAS into Profitable Products

Inspiration   **Innovation**   **Monetization**

DON BROWN — Inventor of the Ab Roller —